チャック・ミルズが紡いだ糸

〝近代フットボール〟の父

著
永塚　和志

ベースボール・マガジン社

チャック・ミルズ

Chuck Mills

１９２８年12月１日、アメリカ・イリノイ州シカゴ生まれ。イリノイ州立大進学後、シカゴの高校からフットボール指導者の道を歩み始める。その後、インディアナステートカレッジ（現ペンシルベニア州立インディアナ大学）、ユタ州立大、ウェイクフォレスト大、サザンオレゴンステートカレッジ（現サザンオレゴン大）、米国沿岸警備隊士官学校などでヘッドコーチを務め、サザンオレゴン大や米国沿岸警備隊士官学校では体育局長も担った。１９６６年シーズンにはＮＦＬカンザスシティ・チーフスのコーチングスタッフとして第１回スーパーボウルにも出場している。１９７１年にはユタ州立大を遠征させ東西の全日本チームとの親善試合を実現。日本がアメリカの大学チーム単体と史上始めて対戦する歴史的機会をつくった。その後もウェイクフォレスト大、サザンオレゴン大を引き連れ日本で試合をしている。また、広瀬慶次郎ら日本人指導者らにアメリカでのコーチ留学の場を与えるなど、この国のフットボールの発展に多大な尽力を施した。こうした功績が認められ１９７４年には日本の学生フットボール年間最優秀選手賞「チャック・ミルズ杯」が創設される。学生日本一決定戦・甲子園ボウルでの同賞授与のため毎年のように来日。２０１８年には、日本フットボール殿堂入りを果たした。２０２１年１月18日、居住地だったアメリカ・ハワイ州にて逝去。享年92歳。

学生フットボールの年間最優秀選手に贈られるチャック・ミルズ杯。同賞の授与式は毎年、学生日本一を決める甲子園ボウルで行われる

はじめに

彼の存在は、日本フットボールの時間軸を20年早めた?!

関西学院大学が、大学アメリカンフットボール日本一決定戦、甲子園ボウルで通算32度目の王座戴冠を果たした翌日の２０２１年12月20日。兵庫県西宮にある阪急甲陽線・苦楽園口から徒歩10分ほどの場所にある満池谷墓地に、関西のアメリカンフットボール関係者が集まり、日本のフットボール発展の「恩人」に別れを告げた。

その「恩人」とは、日本の多くの人たちから「チャックさん」と親しまれたチャック・ミルズだ。

同年1月18日。チャックさんはアメリカ、日本両国の数多くの教え子や知人たちから惜しまれつつ、92歳でこの世を去った。チャックさんはハワイ州ホノルル市で隠居生活を送っていた。元々、アメリカ中西部・イリノイ州の出身の彼が、本土よりも距離的に日本へ近いこの地に住んだことが、彼の日本への思いを示しているともいえる。チャックさんはこの南国の地で、天に召された。

チャックさんにはバーバラさんという最愛の妻がいた。そのバーバラさんが1995年に他界し、「チャックさん自身はフットボールの現場から離れて久しかったために寂しい思いを持っていただろう」と、元関西学院大学アメリカンフットボール部監督でチャックさんの〝日本の盟友〟武田建は言う。

「私自身もそうですが、やっぱりコーチはコーチをしているときが一番、楽しいので、チームから離れたらさびしくなりますね。彼にはかつての教え子がたくさんいて、彼らとラスベガスで集まることでそのさびしさを紛らわしていたんじゃないかなと思うわけです。そんなことを考えると、チャックさんが天国へ行かれたことは、もしかしたらチャックさんにとって、良かったんじゃないかなあというような気持ちがしないでもないんです。しかし、もう会えないのかと思ったら寂しいですし、また、チャックさんからは関学に対してたくさんの援助というか、ご協力をいただきました。チャックさんがいらっしゃらなかったら、関学の今の隆盛は続いていないと思います」。「恩人」でもあり「知人」でもあったチャックを偲びながら、彼の声は徐々に震えていった。

「ラスベガスでの集まり」とはチャック・ミルズの元選手たちや親しかった者たちによるグループ〝Brothers and Kuzins〟の親交会で、彼の生前は毎年のように同所で行われていた。

満池谷墓地には武田氏の家の墓がある。ここに、もともと日本とは何の縁もゆかりもないチャックさんの遺骨の一部が、この武田家の区画に建てられたもう一つの墓に納められた。

その墓石の形は、フットボールの楕円の形をしている。無論、墓地にはほかにそのような墓石はない。

チャックさんが初めて日本を訪れ、そして武田らとの運命的な出会いを経て、ユタ州立大学チームと東西の全日本代表チームによる歴史的試合が行われてから半世紀以上が経っている。

「あの試合がなければ、日本のフットボールの発展は、20年は遅れていたのではないか」

「20年？　それどころかもっと遅れていたんじゃないか」

当時を知る関係者たちは、当時を振り返って口々にその出来事の意義を語る。

「いや、へたしたら今ごろもうフットボールがなくなっていたかもしれへんで」

関学大を12度の甲子園ボウルに導いた名将で、率直な物言いでも有名な鳥内秀晃などは、このような言葉で語っている。

共通するのは、チャックさんとユタ州立大が来日したことが、その後の日本のフットボールに与えた衝撃が、とてつもなく大きなものだったということだ。

歴史的試合は、１９７１年12月に開催された。和暦にすれば昭和46年。これにより、日本フットボール界に新たな「港」が開いたのだ。

日本でフットボールが始まったのは、１９３４年の春頃から立教大学で経済学や英語の教授をしていたポール・ラッシュが母国・アメリカからフットボールを紹介し、この年「東京学生アメリカンフットボール連盟」を設立。明治神宮外苑競技場で国内初の公式試合を行った時からだから、１９７１年は、そこから37年が経過していたことになる。

その間にアメリカの大学の混成チームが来日する、あるいは全日本チームが渡米しアメリカの選抜チームと対戦するといった国際試合は行われてはいた。しかし、本場アメリカのＮＦＬや大学フットボールの試合を、生でどころか映像でもほとんど見ることなどできない時代におけるチャックさん率いるユタ州立大の来日は、日本フットボール界の「鎖国」を終えるような、大きな出来事だったのだ。インターネットなどない時代、アメリカの試合などを目にする機会は限られていた。だからこそ、本場の選手と対戦し、肌で彼らの大きさ、速さを体感した以上の意義があるものだった。

もっとも、本場のフットボールチームが日本に初めて来て、試合をしただけのことならば「歴史的」と呼べるほどの大事ではなかっただろう。関西での試合のパンフレットに〝GOODWILL FOOTBALL GAME〟と題字されていたことでもわかるように、東京と甲子園で行われた試合はあくまで親善試合でしかなかったのだ。

重要なのは、チャック・ミルズという類いまれな包容力のある指導者、教育者がチームを引き連れてきたことで、日米フットボールの友好と関係性が深まっていったこと、それによって、日本のフットボールが発展していったことである。彼らの来日は、遠い海の向こうのフットボールを見たくても見られない時代において、扉を大きく開け、日本のフットボール関係者が、本格的に本場のフットボールに触れ、研鑽を積む機会を提供するきっかけとなった。

どんな競技にも歴史があり、発展の過程のなかで転換点がいくつかある。それがなかったら、あるいは日本のフットボールの発展が「20年遅れていたんじゃないか」とも言われる、チャックさんとユタ州立大の来日。それは本当のところはどうだったのか？　実際に、それがどれほど日本のフットボール界へ影響を及ぼしたのか？　この本のなかで詳しく紹介していきたいと思う。

※本作に登場する方々の名前は敬称略としています

第3章　日米で広がったチャック・ミルズの精神

第4章　チャック・ミルズが紡いでくれたたくさんの糸

第5章　チャック・ミルズが日本のフットボールに与えた影響

第1章

チャック・ミルズがもたらした日本フットボールの夜明け

チャック・ミルズと日本との不思議な縁

モートン・J・〝チャック〟・ミルズは、1928年12月1日に、アメリカ・イリノイ州シカゴに生まれた。大学は地元のイリノイ州立大学へ進学するも、選手としてはオフェンシブガードとしてプレーしたチャックは、自身が体格や運動能力に恵まれていないことを早くから認識し、コーチの道へ進むことを決意する。大学卒業直後の1951年からは、シカゴの高校でアシスタントコーチとして指導者の道を歩み始めている。

その後、いくつかの高校でヘッドコーチを、同時にセミプロのチームでもコーチを務めている。そこから1956年の短大での指導を経て、インディアナステートカレッジ（現ペンシルベニア州立大インディアナ大学）やアリゾナ大に在籍し、1966年にはNFLカンザスシティ・チーフスのアドミニストレイティブ（管理）・アシスタントに就任する。チーフスはこのシーズン、第1回のスーパーボウルにも出場を果たしている（当時はまだNFLとAFLという2リーグが存在していたが、双方の王

チャック・ミルズ（左端）はハンク・ストラムヘッドコーチ（中央）率いるNFLカンザスシティ・チーフスの管理アシスタントとして第1回スーパーボウルを経験した

者同士が初めて戦うこととなり、その試合がのちにリーグが統合され「スーパーボウル」となった)。

そしてチャックは、1967年からユタ州立大のヘッドコーチに就任。この年から6シーズン、同校に在籍し、38勝23敗1分の成績を残すと、その後、ウェイクフォレスト大学でも指揮を執り、サザンオレゴンステートカレッジ(現サザンオレゴン大学)、米国沿岸警備隊士官学校(コーストガードアカデミー)ではヘッドコーチとアスレティック・ディレクター(体育局長、全スポーツ部を統括する責任者)を担った。

トム・プラットはパスラッシュの専門家として主にディフェンスラインのコーチとして80歳を過ぎるまで指導を行っていた、非常に有名な人物である。生前のチャックとは半世紀以上の付き合いがあり、前述の第1回スーパーボウルをともに管理アシスタントとして経験した盟友で、チャックをもっともよく知る人物の一人でもある。

プラットは、チャックが稀に見る「筆まめ」でよく手紙を書いていたことが印象に残っていると話す。現在の巨大化したNFLと当時のそれでは規模からチームスタッフの編成などからすべてが大きく異なっており、今ではポジションごとに細かく細分化され、数多く在籍するコーチの数も昔はかなり少なかった（第1回スーパーボウルの時点でサイドラインに立っていた「正式な」コーチは4人だけだったという）。

チャックやプラットが担った管理アシスタントというポジションも、プラットによればコーチというよりも「コーチ陣に何かを頼まれれば何でもやるような仕事」ということだから、マネジャー的なものだったということになる。そのような立場だったから、チャックはチーフスにいながらにしてすでに次のコーチ職を探していたそうだが、プラットの述懐によると、チャックは「アメリカ中の大学のコーチたちにポジションの空きはないかをたずねるために手紙を書いていた」そうだ。

それも一度送るだけではない。手紙を送ったチームがシーズンでどのような成績を挙げているかをチェックしながら、状況に応じて同じ学校へ再び手紙を送るのだ。それはたとえばこういった感じだった。あるチームがシーズンの前半で苦戦をしていれば「自身がコーチ陣に加わることで後半戦に巻き返せるでしょう」と書き送るのである。そしてシーズン後にも「来シーズン以降も幸運を祈っています」といった具合で、3度手紙を送付する。送られた側のコーチたちがどれほど返信したかどうかは定かではないが、これだけ根気よくペンをとる者もなかなかいないのではないか。

しかも、チャックはチーフスにある「スタンプマシン」を使っていたという。スタンプマシンは消印などを印字するための機械かと推察されるが、つまり、自身のコーチ職を得るためのいわば私的な手紙の送付にチームのものを使っていたというのである。なかなか図太い神経の持ち主でもあったようだ。

だが、チャックがそのような人物だったからこそ、ユタ州立大でのヘッドコーチ職を手にしたといえるのかもしれない。同大職を得ることになったのは手紙によってではないが、プラットによると、次のような過程を経てユタ州立大でのヘッドコーチ職を手にしたという。

「スーパーボウルが終わって、彼も妻のいるロサンゼルスへ戻ったんだ。その段階で彼はまだどこの仕事も決まっていなかったし、どこからも良い返事はなかった。そんなとき、彼は運転をしながらラジオを聴いていた。そうするとユタ州立大のコーチがちょうど解雇されて後釜を探しているといったニュースが聞こえてきた。チャックは車を停めた。当時は当然、携帯電話もなかったわけだけど、彼は奥さんに電話をかけた。奥さんはアメリカの大きな化粧品会社の副社長で、奥さんの同僚に、ユタ州立大に多額の寄付をする人がいたらしいんだ。で、チャックは奥さんにその人へ電話をかけてもらい、自分がユタ州立大のコーチ職の面接を受けられるかどうか聞いてもらった。結果、チャックはユタ州立大との面接の機会をもらって、コーチのポジションを得たのだ。チャックを入れて3人の候補者がいて、そのなかの一人は、サンフランシスコ・フォーティーナイナーズの名将となるビル・ウォルシュだったということだ。でも、チャックが幸運を射止めたというわけさ」

こうして、チャックはユタ州立大学のヘッドコーチとなった。20歳代半ばには一時、アメリカ合衆国海軍で働いたものの、それ以外の人生のすべてをフットボール、ほぼ指導者として捧げたことになる。

チャックは延べ7つの大学で指揮を執っている。そのなかでユタ州立大時代の1971年にチームを日本に渡航させたという「功績」が、この異国のフットボール界で、彼を特別な存在にした。詳しくは後述していくが、これは単独の大学チームが日本で試合を行った初めての出来事であり、これを契機にこの国のフットボール界は本場アメリカの技術や情報を取り入れ、かつコネクションを築いていった。

チャックはウェイクフォレスト大ヘッドコーチ時代の1974年にも再び、日本へ遠征し、同様に関東と関西で全日本と試合を行った。サザンオレゴンで同職にあった1985年にはチームを遠征させて、神戸で関学大と対戦させている。

そのほか、関学大OBの広瀬慶次郎や伊角富三、鳥内らを、自チームへのコーチ留学として受け入れている。彼らがアメリカから持ち帰った知見は、日本のフットボールの発展に大きく寄与した。

こうしたチャック・ミルズの功績をたたえ、1974年には日本の学生フットボールの年間最優秀選手賞「チャック・ミルズ杯」が創設された。元日本アメリカンフットボール協会理事長で、そのほか、さまざまな要職を担い、チャックとユタ州立大の来日事業に奔走した古川明によれば、同杯の創設は「だれが言い出すわけでもなく、ごく自然な流れでなされた」という。

このとき、まだユタ州立大の遠征から3年しか経っておらず、ウェイクフォレスト大の試合も行われたばかり。「ごく自然な流れで」ということは異論がなかったと想像するが、それだけ早い段階でこうした賞が設けられたのは、それだけユタ州立大の遠征とチャックがもたらした、日本のフットボール界への衝撃が大きかった証左なのだろう。

チャックというフットボールコーチ、人物がいなければ当然、この出来事は日本のフットボール史に刻まれることはなかった。「はじめに」で記したように、鳥内などはよく知られた「鳥内節」で日本からフットボールは「なくなっていたかもしれへんで」と言うのだ。チャック門下の〝日本人第1号〟となった広瀬は「チャックさんが来ていなくても、ほかのアメリカ人コーチが来ていたかもしれない」と話す。

それでも、ユタ州立大の来日がなければ、日本のフットボールの発展が著しく遅れていた可能性は大いにあったといえる。というのも、ユタ州立大を渡航させたのがチャック・ミルズという人でなければ、その出来事は単発で終わっていたかもしれないし、教育者という側面があり包容力にすぐれたチャックでなければ1971年以降も日本とチャック・ミルズ——ひいてはアメリカ——が深くつながっていかなかったのではないかと思うからだ。

チャックは2018年、多大な功績を認められて日本アメリカンフットボールの殿堂入りをした。設立時に多くの功績から「名誉の殿堂入り」となったポール・ラッシュを除けば、外国人で同殿堂に名を連ねるのはチャック・ミルズのみとなっている。

全米の強豪、ユタ州立大「アギーズ」

1971年12月16日。日本航空便のドアから出てきたユタ州立大フットボールチーム一行が、戦後の接収から返還されて19年が経った東京国際空港に降り立った。

本題へ入るまえに、ユタ州立大とそのフットボールについて少し説明しておきたい。

アメリカでは、プロスポーツと同時に大学スポーツが盛んで、とりわけフットボールと男子バスケットボールは、いまでは何十億、何百億円という単位のカネを生み出す一大産業となっている。

バスケットボールなら毎年3月から4月にかけて行われ、ファンが作り出す熱狂から〝マーチマッドネス〟と呼ばれるNCAAトーナメントが有名だ。フットボールなら〝BCSチャンピオンシップ〟と冠されている全米一決定戦やその他があり、ポストシーズンゲームはテレビ局が多額の放映権料を支払い、スタジアムやアリーナがファンで埋め尽くされるフェスティビティ（祭典）となっている。

ただ、アメリカの大学スポーツも時を経て多様化が進み、以前は無名だった多くの学校がスポーツに価値を見出して投資をしたことで、強豪へとのし上がるといった現象も出てきている。

しかし、そういう現象が見られるようになったのは21世紀に入ってからで、それ以前はスポーツ強豪校、有名校の数はしぼられていた。ミシガン大やノートルダム大、スタンフォード大、ノースカロライナ大、オハイオ州立大、カリフォルニア大ロサンゼルス校（UCLAの略称を持つ）といった学校は伝統的にスポーツが（勉学でもそうだが）強く、全米規模の知名度を誇ってきた。こうした学校は日本のスポーツ店などでもグッズ等が売られているから、たとえばミシガン大の「M」やUCLAのクマのロゴ、ノースカロライナ大のライトブルーの商品などを目にしたことがある人も少なくないのではないか。

この伝統的スポーツ校のなかにユタ州立大が入っているかというと、そうではない。

ユタという州は知られてはいるかもしれないが、この学校がスポーツで全米的に名を轟かせたことはほとんどない。ソフトボールと女子バレーボールで全国優勝をしているのみである。同じユタ州でいうならば、末日聖徒イエス・キリスト教会が運営する名門私立大学でフットボールやバスケットボールにおいてもＮＦＬやＮＢＡにも選手を輩出してきたブリガムヤング大学（ＢＹＵ）のほうが有名だ。同大は１９８４年にフットボールで全米一になっている。

ユタ州立大は、１８８８年にユタ農業大学（The Agricultural College of Utah）という名称で創立された。１８６５年まで続いたアメリカ南北戦争中、農科大学設立を目的とした公有地払い下げの法律〝モリル法〟の制定が１８６２年、時の大統領、エイブラハム・リンカーンの署名によってなされたが、これによりユタ州では、ローガン市に与えられた公有地に同大ができた。ローガンは同州の州都、ソルトレイクシティから北に１３０キロほどの場所にあり、車で移動した場合は1時間半ほどの距離となる。現在でも、人口は5万人ほどと規模は大きくない〝カレッジタウン（大学の街）〟だ。

ユタ州立大のフットボールチームができたのは１８９２年で、創部初の試合ではユタ大学を12対0で破っているが、1896年までで行った試合はこの1試合だけで、1893年から1895年まではチーム活動がなかった。活動が本格化していった20世紀に入ってから同チームは徐々に実力を蓄え、1961年には米AP通信の全米ランキングで10位に、ニクソン政権時の1972年のコーチ投票では同17位でシーズンを終えている。しかしその後、同州のユタ大学や、スティーブ・ヤング（元NFLサンフランシスコ・フォーティーナイナーズ等でクオーターバックを務める）等を輩出したブリガムヤング大学の台頭等も手伝って、勝ち越すこともままならない苦しい時期が近年まで続いた。2010年代に入って復活を果たし、AP通信による最終の全米ランキングでは2012年が16位、2018年が同22位、2021年が同24位と高順位だった。ユタ大とブリガムヤング大、そして現在は同じカンファレンスで地理的にも近いワイオミング大が主なライバルとされている。

カンファレンスというのは「会議」や「協議会」「連盟」といった意味だが、この場合は「リーグ」と説明するとわかりやすいだろう。ユタ州立大はこれまでさまざまなカンファレンスに所属し、現在は、マウンテン・ウェスト・カンファレンス（MW

C）の一員だ。どのカンファレンスにも属さないインディペンデント（独立）の立場にいたこともある。チャックのチームが来日した頃も、インディペンデントだった。

アメリカの大学のスポーツチームは通常、競技を問わず共通の愛称を持っている。ユタ州立大の愛称は〝アギーズ（Aggies）〟。「農業に従事する人」とでも訳せばいいだろうか。これはもともと同大が農業学校として設立された経緯からである。アギーズのホームはマベリックスタジアム（正式名称は元同大の名選手、マーリン・オルセンの名前を冠したマーリン・オルセン・フィールド・アット・マベリックスタジアム）で、チームは1968年から同所をホームゲーム開催時に使っている（2015年までの名称はロムニースタジアムだった）。

NFLにも多くの選手を輩出しており、近年でいえばワシントン・レッドスキンズ（現ワシントン・コマンダーズ）で活躍したプロボウルタイトエンド、クリス・クーリーや元シアトル・シーホークスのラインバッカー、ボビー・ワグナーなどがいる。プロフットボール殿堂には守備ラインマンだった前述のマーリン・オルセンが選出されている。

チャック就任の5季目となった1971年シーズン、ユタ州立大の戦績は8勝3敗で、州内ライバルのユタ大とブリガムヤング大との対戦ではいずれも勝利している。アメリカのカレッジフットボールは現在ならば前述のAP通信社や、コーチ間の投票によって決まるランキングがあり〝トップ25〟と称して、文字通り上位25校によるランキング表が毎週発表される。ランキングによって順位に違いはあるが、この年のユタ州立大の最終ランキングはおおよそ30位ほどだった。

ちなみにエース・クオーターバックでのちにNFLからドラフトされるトニー・アダムスが4年生だった翌1972年も、同大は8勝3敗をマークしている。最終的なコーチ間投票は、前述の通り全米19位とさらに上位となった。今世紀以前ではこのころがランキング的にもっとも高かった時期だった。

1970年代後半から1990年代前半まで「ミラージュボウル」「コカ・コーラボウル」という試合でスタンフォード大やネブラスカ大、ミシガン州立大、UCLA、南カリフォルニア大、ノートルダム大といった名門校が毎年、東京で試合を行っている。しかし、日本でまだ本場のゲームが何たるかもよく知られていなかった1971

年の時点で、ユタ州立大という全米でランキング上位25校にかかるようなチームがやって来たことは、今考えても、かなり衝撃的な出来事だった。

歴史的プロジェクトの車輪は、いかに回りだしたのか

このユタ州立大のフットボールチームが国際親善試合のために、同州からはるばる異国の日本までやってきた。

これだけを聞くと、特別なことのようには思えないだろう。しかし、それまで日本は選抜チームとは対戦したことはあっても、単体の大学チームと戦ったことがなかった。単体の大学チームと戦うことは、当時の日本フットボール界では想像もできないことだった。今のようにテレビやインターネットなどで情報が得られて、試合の映像も見られるような時代ではなかったのだ。

大半の日本の関係者にとってはおそらく、本場、アメリカのプロや大学といったトップクラスの試合の様子を、映像ですら見たことはなかったはず。そう考えれば、ことの大きさが少しはわかるかもしれない。

そもそも、なぜアメリカの大学チームが来日したのか？　そして、なぜそれがユタ州立大だったのか？　始まりは、1970年だった。

実は、在日米軍基地でもフットボールチームは編成されている。同年、チャックは日本のコーチらに対してのフットボールクリニック（講習会）開催のため、アメリカ国務省による派遣でグアムと沖縄、横須賀基地を訪れている。

当時、チャックの下でユタ州立大のアシスタントコーチを務めたことのあるクリス・ペラが、横須賀基地スポーツのアスレティック・ディレクター（体育局長）および同基地フットボールチームのヘッドコーチを務めていたことがきっかけだった。

チャックにとって日本の地を踏むはじめての機会となり、そこから翌年のユタ州立大の遠征へとつながっていく。

しかし、彼が率いていたユタ州立大学の1971年の来日がトントン拍子に進んでいったかといえばそうではない。この出来事は紆余曲折を経て実現を見た、運命的なものだった。

前述したように、横須賀基地でのクリニックで日本へ来たチャックは、多くの日本フットボール関係者たちと交流するようになった。そのなかでもっとも「重要な出会い」は当時、関学大フットボール部監督だった武田建とのそれだった。１９６７年当時、ユタ大学のヘッドコーチで後にＮＦＬサンフランシスコ・フォーティーナイナーズでもコーチを担ったマイク・ギディングスが厚木基地での講習のために来日した。武田は彼の通訳を務めて親交を深めていた。

ギディングスを講習会に招聘したのは、厚木基地で体育局長兼同基地フットボールチームの「フライヤーズ」のヘッドコーチだったジョージ・ナジャリアン。ナジャリアンは、国立競技場での試合（ユタ州立大の日本での第1戦）で主審を務めた人物だ。ギディングスとナジャリアンは、カリフォルニア大学バークレー校でチームメートだった。ちなみに、甲子園（ユタ州立大の日本での第2戦）では、後年、関西アメリカンフットボール協会会長などを歴任した羽間平安が主審だった。

このギディングスが、チャックに対して「日本にいくのであれば武田という人物に会うと良い」といった趣旨の助言をしたのだ。１９７０年は、大阪府吹田市で日本万博博覧会が開催されたこともあって、チャックは横須賀での講習会のあと、武田に会うことを期待しながら妻、バーバラとともに関西へおもむいた。ところが、万博会場が多くの人で埋め尽くされていたことで疲弊してしまい、すぐに帰国してしまった。

しかし、それを気に病んだチャックは帰国後、武田に手紙を書いた。大阪で会えなかった事情を記して謝罪しつつ、「自身の指導するユタ州立大を来日させ、日本の大学選抜チームと対戦ができたら」という趣旨の内容も付した。これがすべての起点だったのだ。この「ユタ州立大を来日させ」の部分に、武田が鋭く反応したのである。

武田は半世紀以上前の手紙のやり取りをこう振り返る。

「実際は、これは半分、儀礼的なお手紙だとは思っていました。いきなり、日本にチームを連れてきて試合をしようというのは、やはり難しいだろうと思いました。しかし、ユタ州立大のようなアメリカの大学のチームを招いて日本のチームと対戦をして交流を深めることは、日本フットボール界の発展になる。これはチャンスであるかもしれない、と私は解釈したのです」

チャックが武田に手紙を送ってきたのは、万博の時に連絡できなかったことへの謝辞のためであり、ユタ州立大来日うんぬんの部分は、武田が言うように儀礼的なものだっただろう——。

武田もそうは思いつつも、一方で、この千載一遇の機会を逃したくないという気持ちが強かった。武田は、関学大フットボール部で選手だった時に1学年上で、当時、関西アメリカンフットボール連盟の専務理事だった古川明とすぐに連絡を取った。武田と古川は、長年、懇意にしてきた間柄である。

古川は、武田からこの話を聞き、武田にこう話した。

「建ちゃん、これは絶対実現させたいね」

そして、古川はこの話を、この年から関東アメリカンフットボール連盟理事長に就任した藤堂太郎（後に日本アメリカンフットボール協会理事長も務めている）にも打診。藤堂からも「ぜひやりたい」との回答を得た。

古川によれば当時、関東学生アメリカンフットボール連盟の「(実質の）理事長のようなことをしていた」という鳥取譲治ともユタ州立大来日についてよく連絡を取っていたという。国立競技場での試合のパンフレットに鳥取は「チームスタッフ」として記されている。鳥取は、昭和36年（1961年）に慶応大卒、同40年にアルマ大卒

（おそらくミシガン州のアルマカレッジと思われる）であるから、当時、年齢は32歳前後だったと推察される。最終的な関東連盟からのゴーサインは、もちろん会長の藤堂からもらう必要はあったものの、古川の話では実際に事を動かしていたのは、鳥取だったという。

「この話、向こうから断ってくるかもわからないなあとは思っていましたけど、でも必ず話をしないといけないと考えていました。そうしたら、鳥取さんが『自分の責任でやります』と言ってくれた。全てやってくれましたね」

こうして話は、日本のフットボール界を巻き込む形で、さらに前に進む。

そして武田はチャックへの返信で、タイプライターを叩いてこう書いた。

「日本側の準備はできつつあります。そちらはいかがでしょうか」

武田がのちに当人から聞いたところによれば、チャックはこの手紙に驚いたそうだ。ということは、自身のユタ州立大を来日させられたら、というのは、彼にとってやはり儀礼的なものだったようだ。

現在は齢（よわい）90を超えた武田も、1971年にはまだ30歳代。古川は彼の一つうえ。当時は二人とも若かった。振り返ればあとさきも考えずによく突き進んだものだと、武田も苦笑を浮かべた。

「こっちのペースが早くて、どんどんとやって……、よう考えたら、私のやりかたもずるかった。もうダーッとやっておいて『うちはここまで来たよ、お宅のほうはどうですか』と言われたらもう向こうも逃げられませんわね」

しかし、武田たちがここで半ば強引に、かつ速やかに話を進めたのが良かったのかもしれない。日本側の熱量に気圧されてか、チャックも本腰を入れ始めたのである。ここから歴史的事業実現へ向けての武田とチャックの「文通」が始まった。

武田はこう回顧する。

「私は自分がそんなに筆まめだとは思わないです。普通ですね。ただフットボールに関わることは特別ですし、ユタ州立大を日本に呼ぶことについては、やっぱり私が、代表者じゃないですけど、ある程度の責任は感じていましたから」

日本にアメリカンフットボールが紹介されてから、1970年は、37年目だった。日本のフットボール界にとって歴史的なプロジェクトの車輪が回りだした。

ニクソン大統領への手紙

ユタ州立大チームの来日へ向けての動きがスタートした。しかし、この段階においても、まだ超えるべき課題がいくつかあった。まずは、費用の問題だ。ユタ州立大チームは、選手、コーチ陣、その他スタッフらを含めた約120人が日本へ来日することになったが、これだけの大所帯の渡航費用は莫大である。武田の回顧では、チャックはその費用捻出のために在米の日本企業、日本に支社を持つアメリカ企業、その他多くの機関に経済的援助を募る手紙を送った。チャックが鬼籍に入ったため、古川にとっても、チャックがユタ州立大側からどれほどの援助を得られたか、正確なところはわからない。が、武田によると、彼らを日本へ運んできた日本航空からは航空券料金の割引による「相当な援助」があったそうだ。

しかし、そうはいっても、来てくれとお願いをしているのは日本側だ。当時、関西連盟の専務理事だった古川は理事会を開いて所属の面々に力説している。

「ユタ州立大が来る。この試合は絶対にやりたいので、総力をあげて、オール関西、オールジャパンとしてみんなで試合の切符を売ってくれ。甲子園球場でやるとなると、やっぱりお金もかかるし、航空運賃はむこうが払うてくれると言うてくれてるけども、ホテル代やそのほかのすべて、日本に着いてからのことはぜんぶ頼むということやったんでね」

だが、遠征にかかる費用よりももっと根本的な、越えるべきハードルがあった。それはＮＣＡＡからの渡航許可である。ＮＣＡＡは日本語にすれば「全米大学体育協会」と訳され、文字通り、アメリカ大学スポーツを統括する団体だ。ＮＣＡＡは現在でも加盟校フットボールチームに対して、海外での試合を4年に一度しか許可しない規定を定めている。ユタ州立大来日当時にどこまでこのルールが厳密に適用されていたかは判然としないが、同大がアメリカでのシーズン後に規定以上の試合数や練習日数を超えて海外へ遠征し、フットボールをする機会をつくろうとしているとして、計画に待ったをかけてくる可能性があると危惧した武田は、「先手」を打つべくホワイトハウスに手紙を書くべきだとチャックに助言している。

「ユタ州立大学の来日が、ＮＣＡＡから許可がおりるかどうかという心配はありました。エアフォースアカデミー（空軍士官学校）が、メキシコ遠征をする許可が下りなかったということをエアフォースの監督から聞いていて、そう簡単にはいかないぞという覚悟はしていましたしね。だから、万が一の場合はニクソン大統領に手紙を書けよということは、チャックさんに言ったんです」

1994年に他界しているリチャード・ニクソン（第37代大統領）は、自身をアメリカ合衆国史上唯一の任期途中の辞任に追い込んだ「ウォーターゲート事件」に関わったことでも知られている。事件の発端は1972年、ワシントンDCの民主党本部で起きたCIA（中央情報局）工作員による盗聴侵入事件だった。この工作員グループが、共和党所属で1969年に大統領となったニクソンの再選委員会の関係者であることが判明し、1974年にホワイトハウスを去ることとなった。この一件で、ニクソンはネガティブな印象で捉えられがちだ。

しかしながら、ユタ州立大の来日に関していえば、この時期にニクソンが大統領職にあったことは、このプロジェクトの関係者からすれば幸運なことだったといえるかもしれない。

第一にニクソンが、「大」のつくフットボール好きだったことが挙げられる。ミシガン大でセンターだったジェラルド・フォード（第38代大統領）をはじめ、大学等でフットボール経験のあるアメリカ大統領は何人かいるが、ニクソンもその一人だ。ウィティアー大学フットボール部でタックルだったというニクソン（同大ではバスケットボール部にも所属）は、身長180センチで体重はわずか79キロほどとそのポジションを担っていた選手としては信じられないくらい細身だった。実際、チームでは控え選手だったとのことだが、フットボールという競技に対する熱心さは当時から持っていたという。

その後、ニクソンはデューク大学の法科大学院へ入学し弁護士となるが、フットボールへの愛情は薄れることなく、生涯、競技の大ファンであり続けた。あまりにフットボールが好きであったために大統領在任時、NFLの試合で〝プレーコール（作戦伝達）〟をしたのではないかと噂された話は有名だ。

その話の内容は、次のようなものだ。1971年シーズン、ワシントン・レッドスキンズとサンフランシスコ・フォーティーナイナーズの間で行われたプレーオフ1回戦。レッドスキンズが10対3とリードする前半終了間際。レッドスキンズはフォーティーナイナーズ陣地の8ヤード付近まで迫る。だがここでレッドスキンズは、セカンドダウンからプロボウルにも選出されたことのあるワイドレシーバー、ロイ・ジェファーソンを使ってのリバースプレーをコールするが、ジェファーソンはフォーティーナイナーズのディフェンスから即座にタックルを受け、13ヤードの後退。直後にフィールドゴールを狙うがこれもブロックされ、結局、追加点を奪う機会を逸してしまう。最終的にフォーティーナイナーズが24対20と逆転勝利を収め、駒を進めている。

このリバースプレーが、ニクソンによる献策であるといわれているのだ。ニクソンと当時のレッドスキンズのヘッドコーチ、ジョージ・アレンは仲が良く、シーズン中にアレンがニクソンを練習に招待した際、同大統領にプレーコールをさせている。そのときのプレーはリバースプレーだったのだ。さらにプレーオフ直前の同ヘッドコーチとクオーターバックのビリー・キルマーらによる戦略会議中にもニクソンと電話をつなぎ、キルマーにやはりリバースプレーを助言したという。こうしたことがあって、フォーティーナイナーズ戦でのリバースプレーもニクソンによるものだと信じられるようになったのだ。

アレンはこのプレーコールについて肯定も否定もしていない一方で、彼の息子で、元上院議員およびバージニア州知事のジョージ・アレン・ジュニアと、タンパベイ・バッカニアーズ、レッドスキンズでジェネラルマネジャーを務めた経験のあるブルース・アレンの二人はこれを否定している。真偽はともかく、こうした話がまことしやかに噂されること自体が、ニクソンがフットボールをどれだけ愛好していたかの証左といえるだろう。

他方で、ニクソンがフットボールを政治に「利用」していたと論じる評論家もいた。冷戦やベトナム戦争と誰がその椅子に座っていたとしても、この当時のアメリカの大統領は国内外の難題に直面せざるをえなかったが、ニクソンはアメリカでもっとも人気のあるスポーツであるフットボールファンであることをある種、公にアピールすることで国民の目を政治的難題からそむけさせようとしたというのだ。それによって、フットボールのファンが多いアメリカの中間層（中産階級）の支持獲得に、一定程度は成功していたという。

武田と古川は「自分のユタ州立大学を日本に連れていきたい」というチャックからの、あるいは儀礼的な手紙に対して即座に反応し、なかば見切り発車をするかのように事を進めた。が、本当にこれが実現に至るかどうか、武田としても内心は「半信半疑」なところがあった。

「お金（費用）のことはなんとかなると思ったんです。チャックさんは日本航空をはじめ、アメリカに来ている日本の企業や日本に来ているアメリカの企業の全てに手紙を送ったと言っていましたから。全員ではなくても（何割かは）連れてくることはできるんじゃないかと。一番に私が心配したのはＮＣＡＡ。ＮＣＡＡからユタ州立大学への許可がないと、来てしまってからあとになって『制裁』を受けるかもしれないし、そうなったら大変なことになると思いました」

そこで武田の頭に浮かんだのがフットボール好きな大統領、ニクソンだったのだ。

「そのころ、たまたま雑誌の『タイム』を買っていて、それによると、ニクソンが〝フットボールクレージー〟で、レッドスキンズの監督に毎日電話をかけて『あの作戦が良かった』とか言いつつ『あんなプレー、こんなプレーがあったら良かった』などと伝えていたといいます。そのへんの話がタイム誌に面白おかしく書いてあったものですから、チャックさんにはニクソン大統領に手紙を送ればいいかもしれないよと助言はしました。そうしたら瞬く間に許可が出て、あとでチャックさんと私は『アメリカの大統領というのはＮＣＡＡの試合をも動かすことができるんですね』などと言いながら大笑いしたのを覚えています。いろんなことが偶然の連続で起きて、そしてユタ州立大学が日本に来た。全てうまくいったから実現した話なのかなと思いましたよ」

「長いパスは投げないで」と、アメリカ側に交渉

武田の助言に従って、チャックはホワイトハウスへ手紙を書いた。前述の通り、ニクソンからＮＣＡＡに対してユタ州立大の渡航を許可してもらうことが主眼だったと思われる。結果として１９７１年の12月に同大は来日を果たしたわけだから万事うまく進んだことになるが、残念ながら、ホワイトハウスからＮＣＡＡに指示などがあったのかどうかは、確認してみたがホワイトハウスにもＮＣＡＡにも記録は残っていなかった。

しかしながら、チャックとホワイトハウスの間でのやりとりは残っていた。カリフォルニア州ロサンゼルス近郊のヨーバリンダという街にある、ニクソンの生家があった場所には現在、「リチャード・ニクソン・プレジデンシャル・ライブラリー・アンド・ミュージアム（ニクソン図書館）」という連邦政府が管理する施設がある。ここにはニクソンの大統領在任中に関係した書類などが収められており、一般の閲覧も可能となっている。やりとりを見ると、チャックが送った書簡は1971年4月19日にホワイトハウスで受領されている。その書簡自体を見ることはできなかったものの、どうやらチャックがニクソンに求めたのはNCAAからの渡航許可だけではなく、国から日本行きの輸送手段――つまりは航空機のこと――の提供も願い出ているのだ。

この求めはアメリカ国防総省で検討されたが、結果、チャックの要望は通らなかったことが、同年5月21日付けの大統領補佐官、ノーブル・メレンキャンプからチャックへの返信書簡でわかる。ただし同書簡では、ユタ州立大学の渡航を後押しする旨の以下の記述も認められる。

「この件（合衆国からの輸送手段援助）に関して助けられないことは申し訳ないが、

国務省および国防総省はあなたのチームの渡航が無事、実現するために喜んで手を差し伸べる。あなたとあなたのチーム一同の日本渡航が万事うまくいくことを祈っている」

日本の大学フットボール日本一決定戦、甲子園ボウルの第70回記念大会のとき、歴代の著名な関係者が一堂に会した。チャックも住んでいたハワイから来日していたのだが、その際、私は彼にユタ州立大学来日のことを聞き、ホワイトハウスへ手紙を出した一連の話を聞いた。そのなかでチャックはこのような話をしていた。

「ニクソンに近いアドバイザーの一人がユタ州出身で、我々が（日本へ）行かれないかもしれないということはその人の耳にも入っていたようだ。それでニクソンはNCAAへ書簡を送った。『（国家安全保障問題担当大統領補佐官の）ヘンリー・キッシンジャーが中国との関係正常化に向けて動きだしている』と付してね。ニクソンは、アメリカと日本の若者たちがスポーツを通じて交流することはアメリカの国益に沿うものだと考えていた」

１９５０年の朝鮮戦争以降、アメリカ、ソビエト連邦、中国が互いに牽制しあい、第3次世界対戦を引き起こしかねない危険な状態にあった。が、1971年、キッシンジャーが極秘訪中を行うなどの努力で翌年2月のニクソンの歴史的訪中につなげ、米中間の冷戦を事実上終結させている。1971年4月、名古屋で行われた卓球世界選手権に中国は文化大革命後、初めて参加し、同大会後にはアメリカなど5か国の選手団を北京に招待している。米中間の政治的緊張緩和に寄与したこの一連の卓球による親善外交は〝ピンポン外交〟と呼ばれている。

チャックがホワイトハウスへ書簡を送ったのが1971年の4月で、まさに同時期に卓球というスポーツによってアメリカと中国が関係正常化に動き始めるという歴史的転換点だったのは偶然ではあったであろうが、いずれにしても日本行きを希望するチャックとユタ州立大チームにとっては、順風が吹く状況だったといえる。

また、ユタ州出身の人物がニクソンの補佐官であったことも、あるいは事を進めるのに助けになったかもしれない。その人物はジョン・ハンツマンといって、厳密にはユタ州出身ではなくアイダホ州やカリフォルニア州で過ごしてきたが、ビジネスマンとしてユタ州ソルトレイクシティで化学製品会社を立ち上げ大きな成功を収めている。

息子のジョン・ハンツマン・ジュニアは2005年から2009年まで同州の知事を務めており、同家の同州との関係は深い。ハンツマンは篤志家としても知られ、ユタ州立大学の環境研究センターなど同州の大学への寄付も盛んに行っていた。このハンツマンの口添えも、あるいはあったのではないだろうか。

NCAAからの渡航許可がいつ出たかといった詳細については、半世紀以上が経ってしまった今となってはわからないが、いずれにしても無事、ユタ州立大の日本遠征が決まった。

1971年の夏、12月の来日に先立って、チャックと妻のバーバラが大阪にやってきた。武田らと念願の対面を果たし、来日時へむけての打ち合わせをするためだ。同席したのは古川と彼と武田の盟友的な存在で元関学大フットボール部監督の徳永義雄だった。相手はアメリカの大学チームを率い、スーパーボウル出場も経験している人物。武田らは失礼のないよう料亭を予約し、夫妻を出迎えた。

余談ながら、50年以上前に使ったこの料亭がどこだったたか、武田も古川もよく覚えていない。が、武田の次のような話からしても、おそらくは大阪駅からそう遠くない位置にある日本料亭の「つる屋」だったのではないかと思われる。

「なんであんな（立派な）料亭にしたのかなと思います。父に、外国のコーチが来るからどこかお昼を食べるのにいいところはないかと相談したら『つる屋がいいんじゃないか』とアドバイスをしてくれました。父は証券会社の社長をしていて、そう助言してくれたのですが、私は当時、貧乏教師ですし、そういう世間のことは何もわからないから、お願いしますと頼んだんだと思います。」

実際に顔を合わせるのが初めてのこと。武田の記憶ではこのとき「すっぽん料理かなにか」が出てきたとのことだが、見慣れない料理にチャックの愛妻バーバラはどうしていいかわからず箸をつけられなかったという。食事という文化的背景は、日米間で今よりも異なっていただろうが、この日初顔合わせだった彼らにはフットボールというバックボーンともいえる共通言語があり、打ち解けるのに大きな問題はなかった。

武田は懐かしげで、かつ嬉しそうな笑みをたたえながらその当時を思い出す。

「アメリカのコーチの選手を見る目、相手を見る目。それは、我々とは違った次元でした。私は将棋とか碁のことはなにもわかりませんけど、将棋や碁のプロの人たちは何手も先まで読むって言いますよね。フットボールでもそうだと思いますわ。先を読んでやれない私のようなコーチもいますけど。フットボールのコーチングというのは難しいものですね。アメリカのコーチたちはプロですから、三手先までは読んでさしてますね」

武田は北米の複数の大学へ留学し、チャック以前にも元ユタ大ヘッドコーチでNFLサンフランシスコ・フォーティーナイナーズのコーチも担ったマイク・ギディングスなど「本場」のフットボール、指導者との関わりを持っていた。日本でも関学で複数の優勝を経験し、その時点においてもすでに国内フットボール界ではその名を知らぬものなどいなかったはずだ。

それでも、アメリカのフットボールは奥深い。武田がチャックに対して、自分はアメリカのフットボールを知っているのだという態度を取ることはなかった。

この会談をもってユタ州立大の渡航は本決まりとなった。古川はこのあとすぐに、甲子園球場と同大の宿泊先となる梅田の新阪急ホテルを押さえた。古川は同ホテルに務める人物と懇意にしていたため「宿泊代は1泊1万円だとしたら8000円ぐらい」

（当時の金額はもっと小さかったと思われる）に割り引いてもらったという。関東の連盟にもすぐに連絡を取った。ユタ州立大来日までの交渉等はすべて関西の面々でなされたものであり、関西だけのプロジェクトにしてもいいようにも思えるが、そういった考えは古川たちにはなかった。

「やっぱり関東もやらないかん、と考えました。しかし、関東から断ってくるかもわからなんなあという恐れはありました。でも、話はしておこうと思いました」

古川が関東連盟に連絡を入れると、当時、実質的に関東側の責任者のような形で運営に奔走した鳥取譲治はなかば二つ返事でこれを了承した。二つ返事ではあったものの、試合の順序は関西側が苦労して持ってきた話なのだから甲子園で先にやるべきではないのかと進言した。それに対して古川は「東京でアメリカンが始まったのだから」と鳥取に伝えた。

結局、試合はまず東京で、そしてそのあとに関西でやることとなった。試合が行われる12月は、数か月先だった。しかし、料亭での会合で武田らはチャックと試合についての現実的な話もしている。普通に全力で戦えば、ユタ州立大側が圧倒してしまうのは目に見えていたからだった。

例えば1964年、関学大と日本大学を主体とした全日本チームがハワイ大学と対戦している。この当時のハワイ大は実力的にさほど強いわけでもないチームではあったものの、それでも全日本は0対40と完封負けを喫している。

「日本側があまりにも大敗したらあかんなと思ったんで、『長いパスはなしで』とチャックさんとネゴシエート（交渉）していましたね。冗談半分ではありましたけど、実際の試合の時も2、3日前から『長いパスは投げないで』と伝えていました」

第2章

歴史的なアメリカ大学チームの初海外渡航

アメリカ人の大男の集団が羽田に降り立つ

1971年12月16日。そのときが訪れた。ユタ州立大一行が、東京・羽田空港に到着し、日本の地を踏んだのである。72年1月号の『タッチダウン』には、同空港に「突如巨人の群が押し寄せた」と書いてある。今でこそ日本も外国人在住者が増え、旅行等でやってくる人たちも多くなり、外国人の顔を見ることは珍しいことでなくなってきたが、今と比べると半世紀前のこの時代はそこまででではなかったはずだ。ましてや、大男のアメリカ人の集団など、実際に目にしたことなどなかったに違いない。関東代表を率いた日大の名将、篠竹幹夫監督だけでなく、武田も関西から一行を出迎えにおもむいている。

長旅を経て飛行機から出てきたチャックは、武田の姿を認めて手を振った。

チャックの手のなかには紙が揺れていた。

ミルズさま

12月に日本であなたのユタ州立大チームのメンバーがつけるというシールのサンプルを送っていただき、まことに恐縮いたします。来月のこの特別な渡航は大学間による史上初の国際試合になるということで、あなたもあなたのチームもこれを楽しみにされていることと存じます。お送りいただいたエンブレムは、私のスポーツ関連の記念品のなかでも特別なものになること、そしていうまでもなく、あなたがたの成功と幸運をお祈りもうしあげるということをお伝えします。

敬具

リチャード・ニクソン

渡航前月の11月18日づけで、チャックはホワイトハウスよりニクソン直々のこのような書簡を受け取っている。武田はその紙がどのようなものか確証はないと話したが、チャックが羽田で手にしていたのはニクソンからの書簡だった可能性が高いという。私との取材で一連の経緯を一通り話し終えるとチャックは、満面の笑みでこう言った。

「もしニクソンが大統領じゃなかったら、我々が日本に来ることはできなかった。これが来日を後押しした鍵だったんだよ」

ユタ州立大の来日の時点で、フットボールという競技ができてからすでに100余年が経っていた。つまりは、日本で始まった時から60年以上も前からアメリカでは競技が行われ、発展をし続けていたのである。フットボールのようなフィジカル競技では体格や身体能力の違いが実力の差につながる。が、日本にとってはそもそもフットボールの本場でどのようにプレーが行われているかすら、知るすべはほとんどなかった。つまり、日米の力量差は形容の言葉が見つからないほど大きなものだったのだ。

ユタ州立大来日以前に、アメリカのフットボールの神髄に触れた日本人は数えるほどしかいなかっただろう。武田は、日本とアメリカの距離感を実質的にわかっている一人だった。だからこそ、チャックとの料亭での会見においても「長いパスはなしで」と事前に念押ししておかねばならなかったのだ。

12月19日。ユタ州立大チームは〝SILK BOWL（シルクボウル）〟と冠された全日本関東選抜チームとの試合に臨んだ。会場となった国立競技場の気温は、正午の時点でも摂氏3度と低い。当時の駐日アメリカ大使、アーミン・マイヤーによる始球式が終わると、定刻の午後1時15分を少しすぎてはいたものの、無事試合はキックオフとなった。

最初の攻撃は、日大の名将、篠竹幹夫が率いる全関東からだった。記念すべき試合で先発クオーターバックの佐曽利正良は、まずハーフバックの真杉健へのスクリーンパスを通し、ファーストダウンを更新。訪れた約3万人の観客を沸かせた。ところが直後のパスをインターセプトされてしまい、早くもユタ州立大に攻撃権を奪われる。関東選抜のテリトリー、10ヤード地点からの攻撃。ユタ州立大はランニングバックのミルト・チドスターが、クオーターバックのアダムスからハンドオフを受けて、そのままエンドゾーンに運び、日本は試合開始から2分40秒であっさりと先制を許す。

当時はまだ、日本ではウエートトレーニングという概念もあまりなかった。この日の関東選抜の平均身長は176センチほどで、体重は74キロほど。対してユタ州立大は身長が約185センチ、体重が92キロ。攻守のライン選手だけを比較すれば80キロほどの日本選手の体重に対して、ユタ州立大側はほぼ100キロと体格には明確な差があった。アメフトに限らず、フィジカルスポーツの経験がある者であればあるいはわかるかもしれないが、体重で20キロの差というのは軽い側に絶望すら感じさせるほどの違いのはずだ。まして、ユタ州立大側は体が大きいだけでなく、技術的にも忠実で、日本の選手たちよりも優れており、アメフトの根本にある相手を押す、当たるというところではまったく歯が立たないレベルだったようだ。

だが、個々の能力において圧倒的な差があるなかで、日本が一矢報いる場面もあった。第1クオーターの開始6分すぎ。関東選抜は好パントでユタ州立大を自陣奥深くまで押し返すと、その後、立教大出身、ラインバッカーの市川治男が後方からチャージング——今でいうブリッツ——をしかけ、アダムスのパスミスを誘う。これを早稲田大出身、セーフティーの山岡雄二が捕球し、そのまま20ヤードを走ってタッチダウンを挙げたのだ。

結果的に、この試合で日本が挙げることとなる唯一の得点となったプレーはしかし、目論見通りのものだった。

青木がこのプレーを振り返る。

「私が左のアウトのほうへ（相手の攻撃ライン選手を）動きで引っ張ったんです。で、穴が空くから、そこへ市川が入って、クオーターバックが投げようとしているところを邪魔をして、へなへなボールがハーフバックの山岡のところに行って。山岡はそれを捕って、タッチダウンしたんです」

このとき大学3年生だったアダムスは、卒業後の1973年、NFLサンディエゴ・チャージャーズ（現ロサンゼルス・チャージャーズ）から14巡目で指名を受け、カンザスシティ・チーフスやミネソタ・バイキングスなどにも所属した。NFL以外ではCFL（カナディアン・フットボール・リーグ）のトロント・アーゴナッツや当時あったWFL（ワールド・フットボール・リーグ）のサザンカリフォルニア・サンなどでプレーもしている。4シーズン籍を置いたチーフスでは計7試合で先発クオーターバックを務めた。市川は、プロレベルのアダムスという「雲の上の存在」へ突進し、パスミスを誘った。彼は半世紀以上前の、時間にすれば一瞬の出来事を鮮明に覚えていた。

「ぼくがオフガードから入ったのかな。康造さんに（相手の）『タックルをいっぱい引っ張っちゃって入りやすくしてください』って言っていたんです。そうしたらクオーターバックが日本人をばかにしてね。で、チャージングをしかけて、ぼくの手が腰にひっかかったときに、彼の手が見えたんですよ。それを振り払うようにバチッと手をぶつけた瞬間に、球がとんでもないところに飛んで、山岡さんがそれをインターセプトしたんです」

チャージングはリスクのあるプレーだ。後列から突進したときに相手クオーターバックにかわされてしまえば、そのぶん守備の後方にスペースができてしまうからだ。

しかし、日本チームは体格や身体能力に差のある本場アメリカの選手たちとは対等に渡り合えないだろうと、戦前からわかっていた。一矢報いる、というような気持ちがあったかどうかは定かでないが、だからこそ多少のリスクを承知でこのようなプレーをしかけられたのではないか。

アダムス自身も、半世紀以上前の試合のこの場面のことをよく覚えていた。

「日本のパスラッシュが良くて、ぼくはつかまれてると同時にパスを投げて、それをインターセプトされてしまった。あの年、ぼくははたしか9つほどしかインターセプトをされなかったはずなんだ（実際は11）。でも、どんな試合においてもなにが起こるかわからないということだよね。いくら親善のための試合だとはいえ、ああいうミスをしてはいけないね」

アダムスに「してはいけない」パスを強いた市川が言う。

「なにしろもう、速さもあるし重量もあるし。対等には戦えないだろうなっていうことでチャージングを入れて、ある程度、こっちから倒しにかかるっていう形じゃないと止められない」

青木、市川らの思惑が見事に当たってアダムスの体勢を崩すことに成功したわけだが、それをタッチダウンにつなげた山岡自身は「あとから聞いたら、市川がブリッツをして圧力をかけたんだと聞きました」と、どのようにしてアダムスのパスが自身のところに飛んできたのかを、そのときにはわかっていなかった。それと同時に、本場アメリカのチームに対する記念すべき「初」タッチダウンの感慨に山岡が浸る余裕はなかった。

「無我夢中で、予想外とかそういうことは考えてなかったんです。ちょっとうれしかった程度でしたね。ただ、何十年経ってもそのときの話をまわりのみんながしてくれますね」

当時、法政大学の2年生で東京の試合にもコーナーバックとして出場した高田洋一は、この試合から2年後、やはりチャックが指揮していたウェイクフォレスト大の来日時にも全関東チームの一員として（この時にはランニングバックとしてプレーした）出場しているが、ユタ州立大との試合が山岡同様、自身が決めたプレーが強く脳裏に残っている。

「相手（のランニングバック）のオープンプレーだったと思うんですが、それにたいしてぼくも一人であがっていって、タックルを決めたのははっきり覚えています。それはね、今でも夢に出てくるんですよ」

この、山岡のブリッツからタッチダウンにつながった全関東の守備プレーが、ユタ州立大に火をつけたのかどうかはわからない。だが、この直後にアダムスが50ヤードのロングパスをワイドレシーバーのトム・フォーザニーの手に収め、フォーザニーはそのままエンドゾーンに駆け込み、日本側の頬を張るかのような本場のプレーで彼らを一瞬にして現実に戻した。ユタ州立大は第1クオーターの終盤に肩とヒザを負傷したアダムスを下げ、後半から攻守のラインを交代。アダムスは、ディフェンシブハーフ（セーフティー）としての起用でフィールドに戻っている。このように余裕を見せた戦いぶりを見せるなかでも、ユタ州立大は計7つのタッチダウンを挙げ、50対6という大差で勝利した。

事前の合宿では、厚木基地のチーム「フライヤーズ」に24対14で勝利するなど、意気込み高くこの試合に臨んだ全関東だったが、現役の米NCAA1部校の力はやはり違った。

もっとも、実際の実力差はそのスコアが指し示す以上のものだった。数字を見ると、関東選抜が上回っているものも少なくなかった。体格的に大きく劣り、相手に対してランが出なかったこともあって、日本は短いパスを数多く投げた。佐曽利は抜群のパスセンスに加え相手のタックルをすり抜ける運動能力にも秀でていた。日本フットボール史において史上最高のクオーターバックと呼ばれる一人で、端正なマスクとヘルメットからのぞく長髪がトレードマークだった彼は、日大卒業後は社会人クラブチームのシルバースターでも活躍した。ユタ州立大の試合の前週に行われた甲子園ボウルでもパスによる3つと自らのランによる一つの計4つのタッチダウンを記録し、関学大を相手に28対22で勝利に導いている（自身、1969年度以来二度目の同大会制覇）。

だが、日大のエースナンバー「10」を1年生の頃から背負い「天才」「赤のスナイパー」といった形容をされたさしもの佐曽利も、レベルが段違いのアメリカのチームを相手に、まともにパスを投じることはままならなかった。いや、パスを投げられなかったわけではない。佐曽利はユタ州立大を相手に、じつに52本ものパスを投げているのだが、その大半は彼が普段の、日本の学生リーグで見せていたものとは「中身」が違った。

アメリカのパスラッシュが強烈で、全関東の攻撃ラインによるパスプロテクションはほとんど機能しないことは試合前からわかっていた。そのため、佐曽利はドロップバックをしなくてもいいショートパントフォーメーション（今でいうショットガンに近いもの）からのプレーに終始し、それでも迫りくるユタ州立大ディフェンダーの壁の前に縦へのパスは投げられず、フラットゾーンやスクリーンといったサイドライン方向へのパスが多くなった。これについては後述の甲子園での試合における全関西も同じだった。結果、52本のパスのうち29本を成功させてはいるものの、稼いだ距離は234ヤードにとどまっている。対してユタ州立大側のパス本数はアダムスがわずか3本でドイルが2本だけ。レシーブに成功したのはアダムスがフォーザニーに通した2本のみだった。ファーストダウンは関東選抜が21でユタ州立大は16とこちらも全関東側が上回っている。だが、全関東は佐曽利がどれだけパスを通してボールを進めても得点はできず、反対にユタ州立大は、パスの数こそ少ないものの1本のパスで距離を稼ぎ、エンドゾーンも簡単に落とし入れてしまったため、先に書いたように大差の結果となったのだ。

三役と幕下の差、結果は「前歯ガタガタ、鼻ぐにゃり」

試合翌日の新聞各紙を見ると、スポーツニッポン紙が「6対50　それでも善戦」「〝これならいける〟日本関係者　明るい希望持つ」と日本側が奮闘した「体《てい》」の見出しをつけているが、逆に相手との差を強調し、「全日本、歯が立たず　ユタ州立大、体力で圧倒」（朝日新聞）や「大男、相次ぐ独走　全日本　体力、技術とも大差」（報知新聞）といった見出しを付けた報道もあった。もっとも、伝えている内容は総じて同じではあった。

全関東のディフェンシブエンドだった青木康造は、身長が183センチとチーム最長身で体重も85キロと、攻守のライン選手でもっとも重かった。立教大学出身の青木は、このユタ州立大との試合の時点では立教と慶応義塾大学のOBで構成された「東京サンダラース」でプレーしていた。関東の大学や当時、増えつつあったクラブチームはこの当時から、厚木や横須賀といった米軍基地のチームと練習試合等を行っており、このユタ州立大戦でプレーした選手たちの多くが、この試合以前にアメリカ人を相手に試合をしたことがあったようだ。青木もその一人で、在日米軍チームとの対戦経験からユタ州立大の守備ライン選手たちと対峙しても「顔は若いな」とは思いながらも「体の大きさ自体にはそこまで驚かなかった」と振り返る。

ユタ州立大の守備ライン選手は米軍のそれとはどれほどの差があったのか。青木はそれに対して、豪快に笑いながらこう返した。

「変わらないですよ。みんなデブばっかり。ぼくの前の選手もデブだったよね。これじゃあ髙安（晃）と相撲を取ってるのと一緒。まじめにやったらかなわないよ」

また、大学卒業後に日大のOBを主体としたシルバースターに所属した市川は、太平洋戦争開戦後には日本軍が占領し、1975年のベトナム戦争時には重要な出撃拠点だったフィリピンのスービッグ海軍基地まで遠征して同基地のチームと対戦をしている。ユタ州立大の前に全関東チームは厚木基地で合宿も開いている。余談ながら、市川は厚木の司令長官が全関東チームに「すごく好意的」（市川）で、彼には将校が使う部屋があてがわれ、メイドもつけてくれるなどの厚遇を受けたそうだ。

フットボールを通じての米軍との関わりは当時、頻繁にあったという。

アメリカ人の体格や力という点で面食らったわけではなかったが、在日米軍よりも若く、日々、競技に向き合っている〝現役〟選手たちとの対戦はやはり難しかった。こうして「歴史的」イベントの初戦は幕を閉じた。

「ユタ州立大、全日本を圧倒」

サンケイスポーツにはこのような見出しとともに、全関東との試合の詳細が掲載されているが、このなかで篠竹幹夫監督は「1対1ではまったく通じない。4、5人がかりでやっと相手をつぶせるくらいだ」と振り返っている。同記事にはまた、「斎藤、前歯ガタガタ　須田の鼻ぐにゃり」と、フットボールに興味を持たない者の目をも引くような副見出しもある。読めば、こう書いてある。

「ユタ州立大の猛攻に、いちばん手痛い目にあったのは須田、斎藤の両選手。斎藤は、ヘルメットをぬぐと口を押さえて鏡の前へ飛んでいった。そこで手を放し、しみじみと口の中をみると、前歯がそろって内側に折れ込んでいる。

『あーあ、これじゃ入れ歯をしなけりゃ……』

須田の場合は、もっとひどい。ヘルメットをはずしたとたん、チームメートは、思わず吹きだしてしまった。

『なんだ、お前の鼻。根元から曲がっているじゃないか』

笑われた須田、これまた鏡に向かって走り出した。

『あれっ、ほんとだ。そういえば痛いな』

鏡の前に並んだ両選手、こんどは互いに顔を見合わせると我が身の痛さを忘れて、笑いころげていた。」(サンケイスポーツ、1971年12月20日付)

青木康造は相手のオフェンスラインとのぶつかり合いを「髙安と相撲をとっているようなもの」としたが、『日曜スコープ』というスポーツ面のコラム欄で朝日新聞は「三役と幕下の違い」と見出しをつけて、その実力差を次のように紹介している。「アメリカンフットボールの本場、アメリカからやってきたユタ州立大チーム。さすがに〝国技〟といわれる競技の大学Aクラスチームとあって掛け値なしに強い。『日本の国技といわれる大相撲流にいえば、ユタは三役力士、全日本は幕下クラスがいいところ。先のプロ野球でオリオールズの強さをいやというほどみせつけられ、今度はアメリカン。むこうの国技にかないっこないのは当然のこと』と日本の関係者は見ている。このユタ州立大。今シーズンの成績は、８勝３敗と良かったが、全米Ｎｏ１のネブラスカ大には6対42で大敗した。上には上があるもので、アメリカの層の厚さを示すものだろう」（朝日新聞、１９７１年12月26日付）

オリオールズとは１９６９年からアメリカン・リーグ３連覇、１９７０年にはワールドシリーズ王者となり、当時、最強をほこったボルティモア・オリオールズのことだが、１９７１年のシーズン後、同軍は日本シリーズ７連覇中だった読売巨人軍、日本と対戦し、12勝２敗４分と圧倒している。このコラム欄で特筆すべきなのが、アメリカの大学スポーツ、とりわけフットボールやバスケットボール、野球といった人気の競技の環境を紹介することで、日本のそれとの対比をはかっていることだ。

紹介のなかで、フットボールが花形であり、来日したユタ州立大の選手たちは授業料が免除され、かつ月に95ドル（当時のレートで約２万９０００円）の奨学金をもらっていること、ミシガン大のスタジアムが10万人という桁違いの収容をほこること、主要スポーツで得た収益でマイナースポーツの活動を助けていること、アメリカのスポーツがシーズン制でシーズン以外にはＮＣＡＡにより練習すら禁じられていること、有名校の名声がスポーツによって高められていることなどが書かれている。いまでこそこうしたアメリカの大学スポーツについての基礎情報を知る者は日本にも多いだろうが、当時は少なかったのではないか。試合以外のことについてでも、こうした情報が紹介されたということは意義のあることだった。

体格と圧力の差を見せつけられた甲子園の2戦目

東京での試合から1週間後の12月26日。ユタ州立大一行は阪神甲子園球場で関西選抜との試合に臨んだ。再びの曇り空の下での試合は午後1時にキックオフを迎えた。国立での内容と同様、日本側は体格差により圧倒されるが、全関東がブリッツからインターセプションを誘いタッチダウンにつなげたように、こちらでも見せ場は作った。1週間前の東京での試合に武田が観戦に訪れていたことなどから実際のユタ州立大の力量がより正確にわかったこともあっただろうが、全関西は初戦よりもより「善戦」したといえた。守備ラインの動きがよく、一人が上半身に、一人が下半身へタックルにいく「ギャングタックル」でパワフルな相手の突進を止めたのはその証左の一つだ。

しかし、全関西はなかなかスコアボードに得点を刻むことができなかった。それでも、最終第4クオーターにクオーターバックの広瀬慶次郎がショットガンから左へロールアウトし、エンドゾーンに走り込むランニングバックの志村安夫にライナーのパスを決めたプレーは、相手が主力を下げて選手を「落としていた」とはいえ、見事なものだった。結果的には、アダムスからワイドレシーバーのフォゾニーへのショートパスから75ヤードの長いタッチダウン、アダムスからランニングバック・チドスターへのスクリーンパス後の95ヤード独走タッチダウンなどのビッグプレーが示す通り、全体としてはやはり体格と圧力の差をまざまざと見せつけられた形となった。最終スコアは45対6だった。

関東の大学の選手たちが、ユタ州立大との対戦以前から関東近辺の米軍基地のチームと頻繁に練習試合等を行っていて、アメリカ人のサイズや強さについてはわかっていた一方で、関西の学生が国外の選手と当たるということはほとんどなかったという。この試合でラインバッカーとしてプレーし、のちに関学の監督を務めることとなる伊角富三は、当時は3年生だったが、試合を以下のように振り返る。

「ぼくはね、関学の高等部からあがって1年生の秋からレギュラーでずっと試合に出てたんだけども、ランナーへタックルに行って初めて足がすくんだ。そのことをいまだに鮮明に覚えている。それくらい、抜けてきたランナーの迫力というのは忘れられない。で、結局は足がすくんでしまったからタックルできひんかってん」

ランニングバックの体格が特段、大きかったわけではなかったと伊角は言う。それでも、日本人選手のそれとは違ったランプレーの勢いがあったという。

「その当時の日本で言うたら、タックルにいったらランナーもややスローダウンしていた。なのに、ユタ州立大の選手はスローダウンせえへん。そのままのスピードで来た。それで足がすくんだっていうことやな。ぶつかることは好きやったけど、そのときはぶつかるのが怖かったのを鮮明に覚えているな」

伊角は続ける。

「その試合で1対1になったのは1回か2回。足がすくんだのはそのときだけや。怖さでタックルをしそこなったというのはその1回きりやったけど、その印象はいまだに残ってんな」

当時、法政大学の2年生で東京の試合にもコーナーバックとして出場した高田洋一は、伊角とは高校生の時から「お世話になっている」先輩で、のちに関東、関西の学生連盟の理事の立場でも関わりのある間柄だが、ユタ州立大との試合で「足がすくんだ」という伊角の話はおおげさではなかっただろうと言う。

「相手は速いですからね。伊角さんはラインバッカーだったからランナーが来てもすぐに対応しなければいけない。ぼくはコーナーバックで相手があがってくるのをオープンで走っていって合わせることができますけど、ぼくの場合は足がすくむということはなかったですね、夢中でした。こっちに来るんじゃないかなと思っていたら『ああ来た！』という感じで、速攻で上がっていきました」

ユタ州立大との試合以前にも在日米軍との練習試合等でアメリカ人の力強さを体感していた高田は、相手のランナーに対してまともにタックルにいっても止められないことを知っていたため、ユタ州立大の選手にも「大きい人を倒すにはそれが一番ですから」ということで、ヘルメットで相手のヒザめがけてタックルにいっていた。当時、身長170センチ、体重60キロと、クオーターバックとしては日本のなかでも小柄か

1971年、甲子園球場で行われたユタ州立大対全関西チームの試合中、巨体のケント・ベアが全関西のクオーターバック、広瀬慶次郎に襲いかかる

つ痩身だった広瀬も、自身に走り迫ってくる大男たちの壁を前に、普段と同じように
ボールを投じることなどままならなかった。
広瀬がなかば冗談、なかば本気といった口調で言う。
「相手が、めちゃめちゃでかいもんやから、ボールを上から投げんと、下から投げた
ほうがええんちゃうかいうくらいで。バッと体をかぶせてこられたら、投げるところ
があれへん」
関学高等部でフットボールを始め、その後関学大へ進んだ伊角はこのユタ州立大と
の試合までは、自身が「先進的なフットボール」をしているという意識でいた。だが、
この1971年の出来事を通して、自分がいかに井の中の蛙であったかと思い知らさ
れ、のちに実現するアメリカでのコーチ留学への気持ちが芽生えた。
「ユタ州立大が来ていっしょに練習（後述）をし、試合をすることで、自分が経験し
たことのないようなフットボールがあるなということで、アメリカへいくきっかけに
なった。それがなかったら、家が商売やっとったし、また違う人生やったんちゃうか
な」

ちなみに国立と甲子園での観衆はそれぞれ3万人と1万人となっている。国立のほうはわからないが、古川明によれば関西の試合は、実際は8000人ほどの入りで「お金を払って入った人は6000人くらい」だったそうだ。さびしい数字ではあるが、古川いわく「アメリカの大学の来日ということに日本のファンはピンと来ていなかったのかもしれない」と振り返っている。

ケタ違いのタックルと戦術の重要性

当時、関学大は通常のシーズンでショットガンを使っていなかったというが、圧倒的なサイズと突進力を持ち、ボールがスナップされると一気にクオーターバックに襲いかかってくるユタ州立大ディフェンス陣との力量の差を考え、この戦術を採用した。しかし、ショットガンもユタ州立のパスラッシュの前には意味をなさなかった。日本の攻撃ラインを悠々とすり抜けてくる相手ライン選手たちから広瀬は逃げ回り、タックルを受けた。

「向こうからしたら普通のタックルなのかもしれないけど、体重もスピードもあるからすごい衝撃で。あんなのは初めて経験する痛みというか、ダメージを食らいましたね。一つひとつのタックルで」

私が取材をお願いした方々から見せていただいた当時の写真や『タッチダウン』掲載の写真を見るだけでも、ユタ州立と日本の選手たちとの体格の差は如実だ。そのなかには甲子園での試合でボールを持った広瀬が、のちに横須賀米軍チームのヘッドコーチや体育局長を務め日本のフットボール界とのつながりを密にしていったケント・ベアから追いかけられるものもある。ベアは身長180センチ、体重95キロとアメリカのラインバッカーポジションの選手としてはけっして大きくない部類だが、日本の基準からいえば当てはまらない。まともにヒットされてしまったら壊されてしまう——。その写真の広瀬はそんな心の声を発しているかのような表情をしている。

「他のスポーツでいわれる、体が大きいからスローモーであるとか足腰が弱いというのは、本場フットボール選手を見ると全くの虚言であった。100キロ前後の大男達がバックス、ラインの別なく信じられないようなスピードと細かい動きを身につけているのだ」

明治大学ＯＢで、後に日本アメリカンフットボール協会理事長を務める金沢好夫は『タッチダウン』誌で、試合の感想をそう述べている。日本では当時、アメリカの試合の映像などを見るすべがほとんどなかったであろうから、実際に対峙して初めて、体の大きさだけでない彼らの能力を十分に感じたに違いない。金沢によるこの受け止めは、他の多くの者たちが感じたことだったのではないか。

ユタ州立大で際立ったのはそうした体格や身体能力だけではなかった。１９７４年1月に来日したウェイクフォレスト大学と尼崎市営陸上競技場での試合にも全関西の一員として出場している（ユタ州立大は国立競技場で全関東とも対戦している）。同年、チャックを頼って同大へコーチ留学をする伊角は、対戦したユタ州立大とウェイクフォレスト大を比べると前者のほうがチームとしての完成度が高かったと回顧する。

「チームの成熟度はユタ州立がピカイチやったな。ウェイクフォレストはチャックさんにリクルートされたりしてできたチームで、下級生が多くて再建のなかにあったたっていうこともあるんだけども、完成度が違ういうのかな。クオーターバックのビル・アームストロングという当時、1年生の長身の選手やったんやけど、ポジションがセーフティーに変わって、それでNFLに行ったんよ。そういう光るものがある選手はポツポツといたけども、チーム全体としてはやっぱりユタ州立のほうが完成度は高かったな」

この時点でアメリカでのフットボールの歴史は100年ほど。日本とはくらべものにならないほどの競争環境に置かれ、それにともなって技術や戦術等々の細部を進化させてきたわけだから、情報も少なかった当時の日本とアメリカの差は、体格や力といった端的なところだけではなく、テクニカルなところでの差も歴然だった。

繰り返しになるが、当時、関東では在日米軍との試合でアメリカ人と対戦する経験のあった選手は多かったようだが、関西ではそのような経験のある選手はほとんどいなかったようだ。ただ、在日米軍と、アメリカの大学フットボールの1部校でよりチームとしての練度の高いユタ州立大とでは、体格やパワー、スピードといった身体的なところ以外での差は大きかったようだ。

高田洋一の脳裏には、ユタ州立大との試合のなかで彼らが日本チームのディフェンスの弱いところをすばやく発見しながら、そこをついてきたことが印象に残っている。

「試合の最初でパスを決められたところもそうでした。そこでレシーバーと守備バックの1対1を作られて、そこへ投げられて、スピードを生かされて……、完全に抜かれていました」

チャックは、体格差を自軍の勝因に挙げつつも、日本は技術的には劣らないものを持っていると振り返しており、かつ試合後には佐曽利を「アメリカに連れて帰りたいほど」と、温和な彼ならではの社交辞令も述べている。だが、チャック以外の面々からは日本の技量について、忌憚のないコメントもあった。

オフェンシブラインコーチのジーン・マッキーハンは、日本の選手たちはまず基礎から取り組む必要があると話している。

「基礎はできているが、バランスが悪い。後ろに重心をかけすぎる。全てのブロックでスタートの一歩が大きすぎる。それとパス・ブロックの時ショルダーから当たってきたが、顔の真中で相手の胸をブロックする必要がある」

実際にフィールドで日本チームを相手にしたオフェンスラインマンのデイブ・コックスも、同様のコメントをしている。

「基礎はできているがテクニックはまだまだ。気がついたのはパスプロテクトのとき、足が一度立ってしまうこと。これは、テクニックとしてはまずい。（略）日本ラインのレベルは、メジャーがないので言いにくいが、ＵＳＵのフレッシュマン（１年生）程度だと思う」（いずれも『タッチダウン』誌72年Winter Vol.5）

このユタ州立大の来日がなによりも大きかったのは、日本側が戦術の幅をもっと広げていかねばならず、そのためにはコーチングにも注力していかねばならないのだと気付かされたことではなかっただろうか。

１９３４年にこの競技が日本で始まってから日本で採用されていた基本攻撃戦術は、ブロッカーを前方に集めてその後方からランナーが共に走るものだったが、１９５０年にアサインメントを与えられた攻撃ライン選手たちがボールキャリアーのランナーが走り抜けるための空間を作りだす〝Ｔ戦術〟が紹介されたことで発展していった。この戦術はアメリカ・ダートマス大学出身のドナルド・オークスの指揮する立教大で初めて導入され、これを用いて１９５１年から2年連続で甲子園ボウルを制している。このことで全国の大学がこぞってこの戦術を採用し始めたわけだが、関学大ではアメリカ・コロラド大へコーチ留学をしていた先述の古川によってフランカーT隊形、シングルウィングT隊形といった具合で同戦術を発展させた形のものを採用している。

しかし、ユタ州立大ディフェンスとの力の差により日本の攻撃ラインはまったくといっていいほど機能せず、パスをしようにもクオーターバックにボールを投じる余裕はほとんどなかった。そのこと自体は日本側も戦前から予想しており、ショットガン隊形を用いたが、それでも相手の圧の前にショートパスを重ねるしかなかったのだ。結果、日本側は戦術の重要性、それはつまりコーチングの重要性を感じるにいたった。このことが、後述する日本人コーチのアメリカ留学や、アメリカから指導者たちを招聘しての活発な講習会開催などへとつながっていく。

「ロングパスなし」の約束は守られたが…

この2試合に先立つ話し合いで、ユタ州立大と日本のチームの力量に相当な開きがあることは事前からわかっていた武田らがチャックに、「長いパスは投げないでくれ、短いパスだけにしてくれ」と頼んでいたことについてはすでに触れた。

「短いいうても、セーフティーの前くらいまでのパスは投げてましたけど。でも本当に約束は守ってくれました」と武田は試合を振り返った。

では、ユタ州立大が手を抜いたかといえば、そうとは言えない。手を抜くというのは、たとえば力を入れずにタックルするとか、思い切り走らないとなればそうなるが、ユタ州立大の選手たちも「与えられた条件」のなかでは全力を尽くしている。前述したとおり、日本の選手たちの幾人かはプレーを通して歯が折れ曲がってしまったり、鼻が曲がってしまっている。手抜きのプレーでそうはなるまい。

「私は間違っても選手たちに得点をあまり挙げるな、などとは伝えてはいない。そのようなことは日本のチームに対しての侮辱になってしまうからだ」

当時、UPI通信が東京での試合を英語で配信しているが、記事のなかでチャックのこのような引用がある。これは後述するが、チャックはフットボールのコーチというよりも、この競技を通して青年たちに学びを与える教育者だった側面が強いのである。武田とチャックの間に事前の申し合わせがあったことをアダムスが知らなかったことでも、「手抜き」がなかったことがわかる。

試合に先立って、チャックから「全力でプレーをするな」といったような指示があったかと問うと、アダムスは「そういったことは自分の遺伝子には組み込まれていないよ。誰が相手でもね」と述べた。シーズン中は自身でプレーコールをするため、コーチたちからの指示を受けるということが基本的にはないというアダムスは、前述の通り東京の試合ではパスをわずか3本しか投げておらず、早い段階でクオーターバックとしては「お役御免」となった。

「自分の最後のプレーの前にコーチ、チャックから『長いパスを1本、投げるぞ』と言われたんだ。で、ぼくはそれにしたがってディープにパスを投げて、結果、タッチダウンとなった。だけどそれ以外に僕らがなにかを伝えられたわけではない。会話は全てコーチたちの間だけでなされたんだろうね」

アダムスという優秀なクオーターバックがいたこともあってこの年のユタ州立大はパス重視のオフェンスを展開していた。アダムスによれば「多くのチームがぼくたちのパス攻撃を止めるのに苦労していた」という。アダムス自身も全米で12位となる2035ヤードをパスによって獲得している。付け加えていえば、1972年シーズンの彼はさらに熟達し、全米3位の同2797ヤードをパスで稼いだ。だが、すでに書いたように、チャックからの「司令」でアダムスが自慢の肩を十分に披露する機会は、多くは与えられなかった。

こんな話もある。ユタ州立大の来日メンバーにはニュート・ロックニーというタイトエンドの選手がいた。がこの選手、普段は選手ではなかったらしい。それに後ほど気づいたのが、広瀬だった。

広瀬が声のトーンを上げて、振り返る。

「(甲子園での試合のとき) レシーバー見たらね、ニュート・ロックニーがおんねん。ノートルダムのニュート・ロックニーのお孫さんがユタ州立大におってん。で、そのときにプレーしてんねん。ほんでぼくがユタ州立大に (コーチ留学で) 行ったら、彼、マネジャーしてんねん。選手してないねん。そんな感じで、力抜いて40何点、簡単に入れるからもう、どだい話にならなかったわけだ」

このロックニーは本来、選手ではなくマネジャーだったようだ。ちなみに、広瀬がなぜロックニーのことをこれだけ覚えているかといえば、ロックニーが、ノートルダム大を1920年代に3度の全米優勝に導いた名将、ニュート・ロックニーの孫だからだ。

ノルウェー生まれで、5歳で家族とともにアメリカに居住してきた祖父のニュート・ロックニーは、1918年にノートルダム大のヘッドコーチに就任し、圧倒的な勝率で同大が名門となっていく素地を築いている。ウォルター・キャンプがフォワードパスを使い始めたとされるが、これをオフェンスの主たる武器としたのも彼だと言われている。また、現在では有名な同大の「ファイティングアイリッシュ」という愛称もロックニーが定着させたものだ。

ノートルダム大はインディアナ州のサウスベンドという小規模都市にある。甲子園での試合のパンフレットにあるユタ州立大のロスターに掲載されている孫のほうのロックニーの出身地は同所となっている。

異例の合同練習で手取り足取り教えてもらう

一方で、ユタ州立大の来日を二つの試合だけに焦点を当ててしまうと、本質を見過ごしてしまう。もちろん、試合に際して日本側はできるだけのリソースを割いてチームを編成し、全力を尽くした。が、本場アメリカのフットボールチームおよびその選手、スタッフらと交流を持てたということこそが、もっとも際立ったハイライトだった。

甲子園での試合に先立って、両軍は同所で練習を行っているが、全関西の選手たちがユタ州立大の練習に交ざって行うといった、いわば合同練習の体《てい》で行われた。それはほとんど、アメリカ側から日本側にたいしてのフットボールクリニックですらあった。合同練習は2日間行われている。

「チャックさんが『明日の練習は一緒にさせよう』、と言ってくれました。日米の差なんていうのは歴然としていましたから『日本のフットボールの向上の役に立つのならば、どんなふうにでもおれたちを使えよ』、というふうなことをチャックさんが言ってくれたのです。でも、合同練習をやって、日本人の選手がいかに小さいか、足が遅いか、手が短いかというのを嫌というほど思い知らされましたね」

合同練習はポジションごとにわかれて行われた。広瀬は、このときのことを細かくは覚えてはいないが、同じクオーターバックのトニー・アダムスのパスを見て「あんなボール、投げられるわけないやろ」と、思わず笑ってしまったことは記憶している。

しかし、ポジションによってはもっと実質的にさまざまなことを学ぶ機会になったようだ。たとえば当時の日本のフットボールでは、オフェンスラインの選手たちが4ポイント、すなわち両手足のすべてを地面につける「4ポイントスタンス」（片手をつかず俊敏性とパワーの両方を求められる3ポイントスタンスよりもパワー型で、短い距離のインサイドプレーなどで効果的とされる）からプレーを始めるというやりかたが広まっていなかったようで、全関西のラインマンたちはユタ州立大の同ポジションの面々が同スタンスをしているのをこのとき目の当たりにし、やり方を教わっている。

伊角が次のように振り返る。

「ユタ州立大のオフェンスラインが3ポイントじゃなくて4ポイントのスタンスをし

ていて。自分は高校からフットボールをやっていて1回もきちっと教えてもらったことがなかったんだけど、それを教えてもらってね。それまでは、相手のディフェンスを見たいからとかいろんなことで（3ポイントスタンスで）体を起こしてたんやけど、（体をより前傾させる）4ポイントだとそんなんできんよな。だからどうやって相手を見て当たるのかとか、どうやってプルアウト（スナップと同時に下がって横にずれること）するんやっていうようなことを、ユタ州立大のオフェンスラインのコーチに質問して『それはこういうふうにするんや』と手取り足取り教えてもらったっていう記憶はあるな」

来日の話をユタ州立大の面々が聞かされたのは、アダムスによれば「数か月前だった」ということだから、おそらくシーズン開幕前か、あるいは開幕後の晩夏か。いずれにしてもアダムスの当初の反応は「日本でフットボールをやっているのか」といったものだった。現在でも、日本の社会人、Xリーグでプレーするためにやってくるアメリカ人選手に聞けば同様のことを口にする。50年以上前のアダムスの反応は至極、自然なものだし、おそらくほかの選手たちやスタッフにとっても同じだっただろう。

「日本の選手たちはフットボールに関してIQが高くて、頭の良さを感じたよ」

アダムスは当時を思い返してそのように言った。サイズや体の強さでは明確に差があったと話してからこの言葉を口にしている。多分にお世辞の部分もあっただろうが、自分たちが普段、アメリカでしていることに熱心に耳を傾けてくれる日本の選手たちの反応は嬉しかったはずだ。

完売したパンフレットは、日本で〝ナンバーワン〟のもの

甲子園での試合のパンフレットの制作を関西連盟専務理事の古川明は、関学大の後輩で同大在学中は文学部美学芸術学を専攻していた小野博也に依頼した。関西側の〝本気度〟の表れだ。小野は関学大でアメリカンフットボール部に入っていたわけではなかったが、のちに若者向けのアパレル会社として一斉を風靡し、1970年代から80年代にかけての日本のフットボールブームにファッション面から影響を与えたVANに就職し、同社が立ち上げた社会人チームの〝大阪バンガーズ〟や関学大OBを中心とした35歳以上の選手で構成の〝オールド関西フィフティーズ〟でオフェンスラ

インやラインバッカーとしてプレーをしている。また創価大アメリカンフットボール部で監督を務めるなど、フットボール界とは関わりが深い。

小野は、関学大で同じ専攻を取り親友である高岡雄治に表紙のデザインを頼んだ。フットボールのことはほとんど何も知らない高岡ではあったものの、彼の描いた表紙のイラストレーションがダイナミックかつ芸術的でじつに良い「作品」となった。描かれているのは選手二人のイラストレーションで、一人はユタ州立大のユニフォームとヘルメットを身に着け、それよりも少しだけ小さめなもう一方の選手は全日本のものとなっている。表紙には〝USA JAPAN GOODWILL FOOTBALL GAME〟と黒い題字があり、そのほかすべての文字が英語で国際試合色を高めている。いま、スポーツ大会でパンフレットを買い求めれば表紙はたいてい出場選手等の写真が使われることがほとんどであるが、たいていは時間が経ってしまうと表紙デザインの記憶などは薄れてしまうもの。だが、この絵画のような美しささすら持つ高岡によるイラストレーションはダイナミックで力強さが伝わってくる。50年以上経ったいまこれを見返してもすばらしく印象的で、末永く保存しておきたいと思わせるものだ。

ページを開くと、当時の日本フットボール協会会長でときの首相、大平正芳のあいさつ文やユタ州立大の紹介、両チームの顔写真入りのロスターなどが掲載されており、高倉健の出ているアサヒビールやサントリービール、ペプシコーラ、VANといったスポンサーの広告が入っている。古川や小野の話では、当時の日本のスポーツ大会における「パンフレット」はたいてい、出場チームの選手名等が記されただけの用紙が無料で配られていただけだったということだが、ユタ州立大対全関西のパンフレットは売りものとした。価格は、小野はすでに失念してしまっていたものの、パンフレットを買うという文化すらなかったなかで、これが完売したということはよく覚えていた。

小野はこう話した。

「古川さんがびっくりして、『ええのつくってくれた』と、感動してくれた。なんでかといったら、パンフレットによる収入なんて当時のアメリカンフットボール協会では珍しいことやからね。日米対抗やから余計に売れたし、あの絵柄がもうアメリカという感じがするから。単なる写真と違う。だから余計にアメリカのパンフレットみたいな雰囲気がしたんやろな。ちゃんとデザインに時間と労力をかけて、それを良いものだと思ってもらえた。おれも長年、フットボール関連でいろんな試合会場に行ったけど、あのときのパンフレットが日本で〝ナンバーワン〟だと思うよ」

このパンフレット作成以外にもユタ州立大チームをホテルと試合会場までのアテンドをしたり、チケット販売にも携わるなど、古川のサポートとして奔走した小野は、得意げに当時を回顧した。

日本でアスレティックトレーナーができるきっかけに

日本のフットボール界がアメリカに大きく遅れをとっていたのは、選手たちのテクニック的な面だけではなかった。たとえば、当時の日本のフットボールには「アスレティックトレーナー」の存在がなかった。もっといえばその言葉すら、認知している者は皆無に近かったようだ。このとき早稲田大学の3年生で、同大アメリカンフットボール部の主務だった鹿倉二郎は、関東学生連盟の委員を務めていたため東京の試合の際、ユタ州立大のロッカールームで同大に付き添いながらなにか不測の事態などがあれば対応するという役割を命じられていた。

すると、ロッカー内やグラウンド上でユタ州立大のスタッフが選手たちの足首などにテープを巻いたりストレッチを手伝うなど、なにやらせわしなく動いているのに気づいた。彼らこそがアスレティックトレーナーだったのだが、そういったスタッフがいたことがなく、早稲田では社会科学部の学生だった鹿倉にとっては、彼らがどういう類いの仕事をしているのかが皆目わからなかった。

そこでユタ州立大のスタッフに「彼ら」がどういう役割の人たちなのかを聞くと「トレーナー」だということがわかった。現代では日本でも当然の存在だったその役割は、当時の日本のフットボール界においては当たり前のものではなかったのだ。

「ぼくが知っている限りでは、チームドクターがいるというのも聞いたことがなかったですね。プロ野球なんかにはトレーナーという人はいましたけど、フットボール界にはいなかった」

鹿倉は、半世紀前の日本の大学フットボール界のメディカル事情をそのように思い返す。年度にすれば1972年度だったがカレンダー上は年があけた73年の1月。このときにはユタ州立大に続いて、ハワイ大が同7日に西宮球場で全関西と、同15日には国立競技場で全関東と試合を行い、それぞれ0対31、0対43と日本勢は完封負けをしている。鹿倉はこの年も全関東のスタッフとして参加していた。ユタ州立大との試合で初めてアスレティックトレーナーというものの存在と出会い、その後もこの日本にはほとんど存在していなかった役割が頭を離れなかったが、ハワイ大の来日で再度、彼らの仕事ぶりを目の当たりにし、関心をより大きくしていった。

そこで「トレーナー」というものをもっと深く理解しようと思いたち、日本体育協会が出していたトレーナーの養成教本を購入してみる。ところが、よくよく読んでみると、この本のなかで記される「トレーナー」とは選手たちを「トレイン」する、つまり指導する「トレーナー」で、メディカル面を担当する「アスレティックトレーナー」とは仕事の中身がことなっていることに気がつく。

「スポーツ医学やケガへの対応など、ちょっとは書かれてはあるのですが、おもに書かれていたのは指導者の養成について。ちょっと違うなということになって、それから、ちょっと短絡的ですけど、アメリカに行けばわかるかなと」

こうしてアメリカの大学への留学を思い立った鹿倉は、英語学校で語学を習得した

ユタ州立大ヘッドコーチ時代に試合で指揮を執るチャック・ミルズ。細かな指導は信頼を置くアシスタントたちに任せ、選手たちには教育の重要性を説いた

のち、1975年1月からミシガン大学に入学する。入ったのは教育学部体育学科。ちなみにミシガンは学業面でもアメリカ有数の学府として位置づけられ、かつフットボールやバスケットボール、アイスホッケーなどでも屈指の実力で知られる。フットボールでいえば通算8度の全米優勝を果たしており、鹿倉が渡米した段階でも7度、頂点に立っている名門中の名門で、NFLスーパーボウル王者に7回輝いたトム・ブレイディ（元ニューイングランド・ペイトリオッツ等）を輩出もしている超有名校だ。

しかし、この頃に日本からアメリカへ留学をするにあたって情報の量は、インターネットのある今とは段違いに少なかった。とにもかくにもアスレティックトレーナーの勉強がしたかった鹿倉だが、どこを選べばいいかもわからない。頼ったのは街を歩いている際にたまたま見かけた「電信柱」に貼られた英語留学のビラだった。

「それがカリフォルニア大学バークレー校とミシガン大の2校だったんです。それでミシガンへ行くことになったんですけど、ミシガンの印象は『ヘルメットが変わったところだな』くらいのものでした」鹿倉は明朗にそう笑った。

日本の大学で体育系の学部にいたのならばまた話は違ったかもしれない。しかしそうではなかった鹿倉にとって、ミシガン大に入れたのはいいものの、外国語である英語での勉学は当然、簡単ではなかった。解剖学や運動生理学などの専門用語を日本語で知っていたわけではなく、留学後、英語で初めてそうした特殊で難解な言葉を覚えていった。

鹿倉は当時『タッチダウン』誌の創刊者である後藤完夫からすすめられて、自身がミシガン大で学んだことなどについて同誌へ寄稿することを始めている。しかし身につけた専門用語などは英語でしかわからない。仕方がないので、図書館へ言って医学辞書をひきつつ、それらを日本語にして書いた。同大のフットボールチームでの実習もこなし、非公式な形ながら、カリフォルニア州ロサンゼルス近郊で毎年新年に行われる大学フットボール最古のゲーム、ローズボウルのグラウンドにも立った。

そして鹿倉は、アメリカの国家資格であるATC（Athletic Trainer, Certified）の資格を取得し、1950年にアスレティックトレーナー業の未来についてのカンファレンス開催をきっかけに発足した全米アスレティックトレーナーズ協会（NATA）の正会員にもなっている。鹿倉によれば現在までにATCを取得した日本人は、

300人以上はいるとのことだが、第1号は彼だった。

余談ながら、チャックを頼って彼が指揮していたウェイクフォレスト大へコーチ留学した伊角は、日本では面識のなかった鹿倉がミシガン大にいることを聞きつけた（おそらくタッチダウン誌の寄稿を見てのことだったのだろうと鹿倉は推察している）。両校のジュニアバーシティ（バーシティは学校の1軍チームであるから、ジュニアバーシティは2軍といえる）同士の対戦の際に、二人はミシガンで対面している。

こうして鹿倉は、ユタ州立大来日のときにはその存在すら知らなかったアスレティックトレーナーとしての道を1971年の出来事を契機に歩んでいった。1977年にミシガン大を卒業し、日本へ帰国した彼はスポーツ用テーピングを輸入していたソニーの子会社へ入社。講習会の開催で日本全国を飛び回りテーピングの意義、ひいてはアスレティックトレーナーというものの重要性を「啓蒙」した。1975年ごろからアメリカ人がアスレティックトレーナーというものを広めていたというから、鹿倉だけの成果ではなかったかもしれないが、いずれにしても講習会の効果は大きく、この分野に関心を持つ者は一気に増えていったという。

日本では一部の人しか知らなかったテーピング

甲子園でのユタ州立大との試合の際に、東京での鹿倉のようにアスレティックトレーナーという仕事に関心を持った者がいたかどうか定かではないが、このようなエピソードがある。全関西の2選手が、試合前の練習の段階で足を痛めてしまい、武田は彼らをこれから対戦するユタ州立大のベンチへ連れて行って、テーピング処置を施してもらう。処置を施してもらうと、武田いわく当時関学のナンバー1のランニングバックだったというその選手は「ぼくの足じゃないみたいによく動きます」と、武田に興奮した様子で報告したそうだ。

武田自身がアメリカやカナダへの留学経験が豊富で、NFLを含め本場のフットボールを当時の日本人としては誰よりも詳しかったため、おそらくアスレティックトレーナーやテーピングというものの存在は当然、知ってはいた。ただ、自身がテーピングをされたことがあるわけではないから、具体的にどれほどの効果があるかまではわかっていなかった。が、このランニングバックの反応を聞いて「アメリカはコーチだけじゃなくてトレーナーの力もすごいな。やっぱりああいう人たちがいないとフットボールでいいパフォーマンスはできないんだな」と感じたという。

南北戦争とも第1次世界大戦ともいわれるが、テーピングは負傷兵士の患部を固定するために用いられたのが起源だという。一方で、日本のスポーツ界でテーピングが広がっていったのは1970年代からだとされる。前述した甲子園での試合で全関西のランニングバックがユタ州立大スタッフのテーピングによって「ぼくの足じゃないみたい」に動けるようになったというエピソードを見ても、この段階でそれが日本で広く認知されていたとは考えにくい。

東京の試合においても、似たような話がある。国立競技場での試合でトニー・アダムスへブリッツからのタックルを成功させ、山岡のインターセプトリターンタッチダウンにつなげた市川は、試合の2日ほど前の練習中、ブロックをされたことでじつは脚のじん帯を伸ばしてしまっていた。市川は、当然ながら本番に出場することはこれでだめになってしまったと感じ、懇意にしていた日大出身ランニングバックの板哲夫に「これでぼくはプレーできないだろうし、みんなに迷惑をかけるといけないからオールジャパンを降ります」と伝えるが、板はそれを許さない。ケガのことはばれないようにしろと市川に厳命する。

「『絶対にケガのことを人に言うな。明日も練習があるけど、脚をひきずるな。おまえのケガはおれがわからないようにするから。この試合は一生、おまえの宝になるんだから』。そんなふうに言われたのを、今でも覚えていますよ」

そして板は、市川の患部に3本の痛み止めを打たせ、そしてテーピングをほどこしてくれたのだ。市川はこのとき、テーピングというものの存在を知らなかった。

「板さんから『(会場に)早めにこい』って言われたんですけど、彼がじん帯のラインに沿ってクロスで巻いてくれたんです。そうしたら走れるんです。で、試合ではチャージングもできた。『これがテーピングだ』と教えてくれましたね」

市川によれば、当時、製図などを扱うある会社がテーピング類も扱っていたそうで、板が彼に巻いたテーピングもその会社のものだったというのだ。国産のスポーツ用テーピングを販売したのは、ばんそうこうなどでも有名なニチバン株式会社が初とされるが、それは1981年のことだった。板が市川の患部に巻いたものは、あるいはスポーツ用のものではなかったということかもしれない。しかし、市川のじん帯のラインに沿って巻いてくれたということであるから、いずれにしても板はテーピングについて一定程度の知識を有していたということになる。あるいは、板だけではなく、当時、日本のトップだった日大チームではテーピングについての知識が共有されていたということなのかもしれない。

ただし、知識、知見は広く共有されていなければ、定着したとはいえない。志村や市川らの反応を見れば、テーピングというものがこの段階の日本においては、ごく一部の者たちにしか知られていなかったものだったと認識できる。そして、テーピングはアスレティックトレーナーなどのメディカルスタッフが選手たちに施す数ある措置の一つでしかない。鹿倉によれば、他校のことはわからないがとしつつ、当時、自身のいた早稲田のフットボール部ではウエートトレーニングも、またそれを行う器具や環境もなかったという。

ウエートトレーニングのような選手の肉体を強化することは、厳密にいえば鹿倉ののちの専門となるアスレティックトレーナーらの仕事というよりはストレングス・アンド・コンディショニングコーチの領域だ。しかし、フットボールという肉体を駆使してプレーする最たる競技の一つであるにもかかわらずウエートトレーニングが行われていなかったというのは、この競技がより近代化してからのことしか知らない者にとっては衝撃的なことであろう。同時に、そのような環境であればアスレティックトレーナーといった、これも今では当たり前に存在するスタッフがいないことも合点がいくのである。

「はじめに」で記したように、ある人物は、チャックがユタ州立大を日本へ渡航させて試合を行っていなければ、この国のフットボールは、20年は遅れていただろうと言った。

私はこの言葉を、取材をしたすべての対象者に伝え、彼らはどう思うかを聞いているが、鹿倉への取材においてもそれは例外ではなかった。すると鹿倉は純粋な競技の面では「10年、20年は遅れていたでしょうね」と同意した。そして、自身の分野であるメディカルの面については、鹿倉がソニーの子会社に在籍していたころにはアメリカのアスレティックトレーナーを呼んで講習などを行っていたために、アスレティックトレーナーやテーピングといったものの存在は広まり始めていたという。自身が留学をして日本人ATC資格保持者の第1号となったことがどれほどの影響を及ぼしたかについては、どうにも判断のしようがないといった感じで話していた。

ただ、すでに数多くの日本人がアメリカの大学でアスレティックトレーナーやストレングスコーチの資格を取得し、その知見や経験を日本に持ち帰るようになって久しい。今、この国のスポーツ界における意識や環境等は、鹿倉にいわせればアメリカなど先進国とくらべても「遜色ない」状況になっているという。しかし、1971年の時点では、競技における技量の差以上に、あるいはこうしたメディカル面などのまわりの環境面における差はさらに大きかったといえるのかもしれない。差異を目の当たりにした古川は当時『タッチダウン』誌で日本のフットボールの「底の浅さ」を痛感したと述べている。そうした衝撃を受けた日本の関係者は古川以外にも多かったはずだ。

それは「20年は遅れていた」かもしれない日本のフットボールの進展を前に進めていくための原動力になっていったのは間違いない。

リキマンション、芦屋大邸宅での歓待

甲子園での試合に先立っての合同練習については、すでに書いた。対戦する者同士が試合のまえに練習をするなどということもなかなかないが、ユタ州立大と東西日本チームとの交流は、ヘルメットとパッドを脱いで、フィールドの外でも起きていた。ユタ州立大が来日して、彼らが投宿していた赤坂東急ホテルでは公式の歓迎会が行われた。しかし、これ以外でももっと胸襟を開いた若者同士の集まりもあったというのだ。

東京での試合の翌日、慶応大と立教大のＯＢで構成されたサンダラーズに所属する面々は、ユタ州立大の選手たち数人とパーティーを開いたという。場所は赤坂のリキマンション。力道山の長男の百田義浩のつてで、力道山が建てた知る人ぞ知るこのマンションでそれは行われた。百田はのちに全日本プロレス、またそこから派生してできたプロレスリング・ノアでリングアナや自らもレスラーとしても活動し、両団体で取締役も担っている。

百田は慶応大学の法学部に在籍していたが、同大の準体育会アメリカンフットボー

ルチームの〝ダックス〟でもプレーをし、そののちサンダラーズにも所属した。ユタ州立大の面々とのパーティーのためにリキマンションが会場となったのは、百田がいたからだった。もちろん、百田もそのパーティーに参加している。

『タッチダウン』誌によれば、試合翌日の20日は自由行動で、その日の夜7時から「クラブチームサンダラーズがチャック夫婦、コックス夫妻等を招いて百田邸でパーティー」「佐曽利、湯村も参加する」とある。百田邸とはリキマンションのことだろう。

このリキマンションでのパーティー。市川の記憶では、パーティーには「20人くらいかあるいはもっといたかな」というくらいの人数が集まった。力道山の息子の百田の「主催」であるだけに、酒も「いくらでもあった」という。

「すごく和気あいあいとした集まりでしたね。ホームパーティーといった感じで。むこうはよろこんでくれたんじゃないですかね。だって、ユタ州立大って州都のソルトレイクシティからさらに外れたところにある田舎のチームですもんね」。市川は、そう言って笑った。

このリキマンションでのパーティー以外でも、いくつかユタ州立大と日本側の選手の「つどい」があったという。

このときの日本側の面々の年齢は、ＯＢチームの選手たちだからゆうに20歳を超えていたはずだが、一方のユタ州立大の参加者たちについてはわからない。が、チャックは教育者の面が強く、学生フットボールを教育の手段の一貫として見ていたところが大きかったため、彼の選手たちも異国で常識を逸するような行為や行動はなかったはずだ。当時、関東連盟の学生委員を務めユタ州立大の東京での試合において主に現場の運営を任された渡部博は、試合の1週間ほどまえから同大と同じ赤坂東急ホテルに泊まり込んでいたが、彼の脳裏には遠くアメリカから来た若者たちがとりたてて大きな問題を起こしたという記憶はない。

「チャック・ミルズさんが教育者なので、選手たちもジェントルマンというか。最初に彼らをそばで見たときの第1印象は『やたらでかいな』というものだったのですけどね」

のちにユタ州立大の試合には特別顧問的な立場で彼らの来日に密着し広報的な役割も担った後藤完夫からの誘いで、彼の立ち上げた『タッチダウン』誌に加わって20年以上、編集や営業に従事した渡部は、先にも記したハワイ大学の日本遠征時においても同様に運営に携わっている。

「ハワイ大学の連中はもう陽気で、酔っ払ってなのか、ふざけてなのかさだかじゃないんですけど、赤坂東急ホテルの回転ドアをぶち壊したりとかしていました。ユタ州立大は、チャック・ミルズさんの指導もあったんでしょうけど、品行方正でしたね。ハワイは陽気な暴れん坊といった感じで」渡部は、笑いながらそう言った。

トニー・アダムスは、チャックが日本遠征に際して選手たちに「アメリカを代表して行くのだからそこに留意しなさい」と予め伝えていたと語る。

「『アメリカ人は大声でうるさくて、無礼で、何も考えていなくて、人のことを気にしていない』といった意味の〝アグリー・アメリカン〟などという言葉もあるけど、そう思われないように気をつけていたよ。ぼくら学年が上の者たちが若い連中に目を配りながらね」

東京を出立したユタ州立大一行は箱根に1泊してから大阪へ移動。京都、奈良という「いかにも」な観光コースを巡る一方で、宝塚歌劇の鑑賞もしている。もっとも、試合以外での最大の〝ハイライト〟は「芦屋での歓迎パーティー」だっただろうと、古川や武田は当時の情景を思い出しながら振り返っている。

このパーティーはただのパーティーではなく、日本風かつアメリカ人も驚くほどの盛大さだったという。盛大にできたのは、古川、武田の盟友、徳永義雄の存在が大きかった。徳永は、1880年（明治13年）に大阪市北区で誕生し、ラムネ瓶内のビー玉の大量生産に日本で初めて成功したとされる徳永硝子（のちに徳永板ガラス製造株式会社となり1941年に日本板硝子株式会社に吸収合併されている）の創業者、徳永玉吉の息子だ。

徳永は旧制豊中中学でタッチフットボールを始めた「1期生」だが、このとき旧制・池田中学で古川が同競技を始めており、言ってみれば「同期」だ。二人は関学大でともにプレー。のちに徳永は同大の監督を務め、甲子園ボウルで長らく勝てていなかったファイターズを、1967年の第22回では日大を倒して、優勝に導いている。徳永は、2001年に鬼籍に入っている。

この徳永の妻の実家が、ユタ州立大の歓迎パーティーの会場として使われたのだ。

場所は現在、甲南女子大のキャンパスのある芦屋で、古川によれば３０００坪もの敷地があったそうで、そのパーティーの際に会場に立てた日米の国旗と関西学連の旗は、阪急神戸線からも見えたという。準備は当然、大がかりで、お金もかかった。だが、アメリカの単独大学フットボールチームの初めての日本遠征という歴史的な出来事を、盛大に盛りあげなければならないという、有志たちの強い思いで実現させた。

「徳永さんの奥さんのお母さんが大阪のしいたけ問屋の娘さんで『ごっついことやらなあかんで』と言ってくれたんです」と古川が証言する。

丘の上に建っていたという徳永の妻の実家は日本式の家屋で、広い庭には数多くの提灯が灯されていた。チャックをはじめとするユタ州立大の一行は、武田やほかの全関西チームのスタッフと、日本の着物を来た彼らの妻らの出迎えるなか、屋敷へ入っていったという。

「ユタ州立大の人たちは日本ではホテルに泊まっていたから日本式の家なんか行ったことがなかったですよね。で、そういう歓迎をしてもらって、チャックさんやコーチ陣、選手たちは皆、感激していましたね」半世紀前のことを思い返して、武田はそう語った。

パーティー会場にはおでんや寿司の屋台も並んだ。参加した日米の選手や関係者たちは互いのワッペンや人形などを交換しあったという。会は2時間ほどで終わったが、このあと日米の選手たちはいくつかのグループに分かれて散り散り、大阪の街へくりだしてもいる。そこで初めてパチンコを体験したユタ州立大学の選手もいたそうだ。

「もう、試合が45対6だったとかはどうでも良かったんですわ」

武田はそう笑い飛ばした。互いに体を激しくぶつけ合う試合は数日後だったが、東京でと同様に、関西でも親交を深めた。フットボールという競技はもはや日米の関係者や若者たちをつなぐ〝道具〟となっていた。

日米フットボール交流のスタートとフットボール人気の急上昇

甲子園での試合をもって2週間の遠征を終えたユタ州立大は、試合翌日の12月27日、伊丹空港から帰路についた。同大の選手の大半がアメリカの国外に出たことがなく、まずパスポートを取得するところから始まった。アダムスなどは日本でフットボールが行われていることすら知らなかった。が、渡航が決まって、空軍に所属し第二次世界大戦を経験している父親から日本のことを聞くと同時に、日本のフットボールの歴史などの基本的な情報も頭に入れていった。

「その時点でフットボールが日本で半世紀近く（実際は38年）存在していたというのを聞かされて、驚いたよ」とアダムスが言う。

日本渡航は強制ではなく、前述したように、加わった選手の数は37人にとどまった。そもそも気乗りしなかった者もいただろうし、家族の事情など、来られない理由はさまざまだったようだが、アダムスは来日メンバーに名を連ねたことは良い選択だったと振り返る。

「遠征に加われなかった選手たちは多分『行くべきだった』と思っているはずなんだ。ぼくらが帰国して日本で受けた歓待や経験のことを興奮気味に話したからね。彼らはめったにない機会を逸してしまったと思っているに違いないよ」笑顔を満面に浮かべながら、アダムスはそう話した。

一方でアダムスは、ユタ州立大の遠征がこれほど大きな事業で、かつ日本のフットボール界に「歴史的」と位置づけられるほどの大きな衝撃をもたらすものになるとは、最初は思っていなかったと吐露した。

「最初は若い我々が単に日本へいってフットボールをするだけというくらいの気持ちでいたんだけど、日本に滞在するなかでだんだんと、これが日本にとってとても意義のあることなのだと理解していったよ」

こうして、歴史的な「ユタ州立大の来日」は幕を閉じた。しかしその影響は大きく、日本のフットボール界の「ドア」は大きく外界へ開くこととなった。このあと、1973年にはハワイ大とグアム大が日本遠征をし、1974年1月にはふたたびチャックが、こんどはユタ州立大の次に指揮を執ったウェイクフォレスト大を率いて来日。そのほか、ノースウェスタンカレッジが、そして1976年にはコーネル大の軽量級チーム（体重72キロ以下の選手で構成）が、1977年にブリガムヤング大が、とアメリカから毎年のようにチームが押し寄せ、日本で試合を行った。そのなかでフットボールの人気も急激に上昇し、本場のプレーが見たいという機運の高まりによって、1976年1月にはアメリカ・東西大学オールスター戦の『ジャパンボウル』がアメリカ建国200周年事業として開催され、また同年にはセントルイス・カーディナルスとサンディエゴ・チャージャーズが初のNFLのプレシーズンゲームを日本で行っている。

また前述の通り、ミラージュボウルやコカ・コーラボウルでアメリカの有名強豪校同士が毎年、日本の地で対戦するようにもなっている。1974年には関東と関西で全日本と、1964年の東京オリンピック・男子100メートル走金メダリストでNFLダラス・カウボーイズのスターワイドレシーバーのボブ・ヘイズが加わった在日米軍チームとの試合が行われ、関東では3万8000人、関西では2万8000人の観客を集めている。

こうして、日本のフットボール界は急激に国際化していった。始まりは、ユタ州立大の来日だった。そしてこれが実現したのは、武田らとチャックの間の海を挟んでの手紙のやりとりが実を結んだからだったのだ。

第3章

日米で広がった チャック・ミルズの精神

〝コーチング〟こそが競技発展の鍵

甲子園での試合が無事に終わり、古川明はユタ州立との対戦を経て日本のフットボール界が学んだことをいくつかのポイントに分けて『タッチダウン』誌に記しているが、その一つが「コーチングの重要さ」だった。

「各々のコーチがフットボールを一つの学問として把握している。スポーツに対する国民性の差もあろうが一人のコーチが全ての面倒を見なければならない日本のフットボールの現状から見れば誠に羨ましい限りである」と古川は述べている。

スポーツでは実際にフィールドやコートに立つ選手たちの技量、力量の向上がその競技のレベルアップに最も重要なことだ。しかし、言うまでもなく、それは一朝一夕には実現しないし、彼、彼女が秀でているかどうかはそもそも体のサイズや骨格、才能などに左右され、優れた才能がいつ出現するかもわからない。しかし、彼ら選手たちの力量を最大限に引き上げる指導者またその指導法の向上に取り組むことは、優れた選手の出現の可能性を広め、ひいてはより広く競技力自体を上げることにつながる。

第70回甲子園ボウルでフィールド上を行進するチャック・ミルズ（右）と元関学大監督の武田建（左）。この２人が出会ったことが日本のフットボール界の急速な進歩につながった

ユタ州立大が来るまで、日本のフットボール界は本場、アメリカにはどういった環境があって、いかなる指導法が施されているのかの情報がなかった。換言すれば、より高いレベルの指導をしたくてもしようがなかったということだ。

だが、ユタ州立大という「黒船」が来航したことで海の向こうではどのような景色が広がっているのかが見えるようになった。そしてチャックというアメリカで実績のある人物とのつながりを得たことで、その景色を実際に近くで見る機会にも恵まれるようになった。

ユタ州立大の来日を契機に、コーチ留学をする日本人が増えていく。最初はチャックとの直接のコネクションを生かして。そしてチャックがコーチ業から身を引いたあとも、彼の口利きなどでやはりアメリカでコーチ修業をする者は絶えることはなかった。そのなかで、チャックを頼ってアメリカの大学で本場のフットボールをその眼で見て、そして指導者として大きく成長したことで知られる、広瀬慶次郎と伊角富三、鳥内秀晃について触れないわけにはいかない。

彼らはいわば「チャック・チルドレン」とも呼べる存在で、3人ともチャックを「もう一人の親父」と称して大きな尊敬の念を抱き、かつコーチとして、母校の関学大をそれまで以上に日本の名門中の名門たる地位に押し上げた。

のちに、NFLのオールスター戦である「プロボウル」のハワイ開催の際には日本人の大学のコーチ二人が招待され、アメリカンフットボールカンファレンス（AFC）、ナショナルフットボールカンファレンス（NFC）チームにそれぞれ一人ずつが帯同しながら、世界最高峰の舞台の一端を間近で経験するということが数年間続いた。これ自体はチャックのコネクションとはなんら関係のないものだったが、参加していたのは日本の将来を担う若手のコーチたちが大半で、彼らは英語と格闘しながらも、NFLのコーチらと懸命にコネクションを築いて、プロボウル後も連絡を取り合い、彼らの自チームの合宿などに入れてもらうなどもしている。間接的、あるいは無意識的かもしれないが、こうしたチャックと直接関わっていない日本人指導者らが海外に出て研鑽を積む努力を重ねるという取り組みは、広瀬に始まる関学コーチたちから続いていったと言えるかもしれない。

さきに記しておくと、広瀬、伊角、鳥内とも、アメリカまで行ったとはいえ、チャックから直接、フットボールについて戦術などを教わることはほとんどなかった。これは彼らが言葉の壁がある外国人で、また立場的にも「見習い」といったところがあったからではない。すでに記しているように、チャックは自身の下で働く各ポジションコーチたちを信頼し、戦術的な部分は実際の指導を任せるスタイルだった。だから、広瀬たちがフットボールについて学ぶのはチャックからというよりは、そうしたポジションコーチたちからのほうが圧倒的に多かったのだ。

それでも、広瀬、伊角、鳥内らが例外なくチャックに恩義を感じ、尊敬し、父と慕ったのには理由がある。それは、各人のコーチ留学のエピソードのなかで紹介したい。

コーチ留学で道を切り開く

広瀬は「第1号」としてチャックのユタ州立大へコーチ留学し、その後、チャックがウェイクフォレスト大へ移ったあとも行動をともにしている。

関学の高等部からおもにクオーターバックとしてフットボールを始め、大学では4年連続甲子園ボウルに出場し、うち3度の優勝を飾るなど華々しい活躍をした広瀬は、

1971年の日本遠征後、広瀬慶次郎（左）はチャック・ミルズ（右）がヘッドコーチを務めるユタ州立大へコーチ留学に。その後も同HCは日本人指導者に研鑽の場を与えた

卒業後の1971年に関学大のコーチとなった（ユタ州立大との試合ではその場限りで「現役復帰」したということになる）。それ以前にはアメリカへ行きローズボウルを生で観戦したこともあった広瀬は、本場でコーチ修業をしたいという気持ちを胸のうちに秘めていたのだが、しかし、行きたくても実現は難しいだろうと思っていた。

ところが、チャックがユタ州立大を引き連れてきたことが、彼のそんな夢を叶え、人生を変えた。甲子園での試合が終わって、古川がアメリカへのコーチ留学をしてみないかと広瀬に打診をした。試合の後日ではない、その当日、グラウンドでの話だ。

「どこかに呼ばれて言われたいうのとちごうて、試合が終わって古川さんから立ち話みたいに『チャックさんのところいくか？』みたいな、ごっついラフな感じで。それで私も『行きたいです』とすぐに返事して。一応、親にもちゃんと相談してということにはなったんやけど、いずれにしてもえらい簡単なことのように言われた気がしますね。もっとも、私に（コーチ留学の）興味があるのはみんなわかってるでしょう。関学でコーチもしていたし、だからまず声をかけんのやったら私だったということでしょう。うちの親なんかは古川さんもケンちゃん（武田）もよう知ってるし、親もごっつい（フットボールに対して）熱心やった……。てなわけで私が声をかける べき人間のトップの一人ではあったと思います。だから、ごっつい簡単やったし、返事も簡単にしたように思いますわ」と、広瀬はこう言うが、古川としては他人の人生を変えるかもしれない大事を持ちかけたという意識だった。

古川は次のように話す。

「はっきり言うたら、ぼく、けしかけたと思いますわ。『チャックさんは来る人は喜んで受け入れる言うてるよ』と言いました。広瀬さんがさきにいってくれた。で、伊角くんもいきますわと言ってくれた。あとの人生どうなるかわからんのに」

一方、広瀬は「けしかけられた」とは感じなかった。

「けしかけた？　熱心に誘ってくれてるとは思いましたよ。けしかけられんでも決まっちゃってた気もするけど（笑）。そんなに『いけ、いけ』と言われたような気はないんですけどね。古川さんたちも私が半分いきたいのを知ってたから『チャックさんがめんどう見てくれるから、おまえいってこいや』いうのはもちろんありましたよ。こちらもチャンスやと思ったし」

広瀬は笑いながらその時のことを振り返ったが、古川が「けしかけた」と広瀬をアメリカに送り込んだ「責任」を感じたとしたら、それも無理はない。

ユタ州立大が来日した時期と重なる1971年12月20日に、円の対米為替レートは360円から16・88%の切り上げとなる308円へと切り替えられた。毎日新聞などは一面を巨大な見出しとともにこのニュースだけで占めているから、その衝撃の大きさがわかる。

余談ながら、この月の新聞各紙の紙面を眺めると、たとえばこの月に東名高速道路と首都高がつながり、また関越自動車道の練馬インターチェンジと川越インターチェンジ間が開通するなど、道路インフラが全国各地でまだ完全に整っていなかったことがわかる。また、1972年2月開催の札幌冬季オリンピックに向けての各競技の代表選考会もこの頃に行われているが、スピードスケート男子500メートルの優勝者のタイムは38秒台と現在の日本記録から5秒近くも遅い。そんな時代背景だった。

為替の話に戻ると、変動相場制となるのは1973年の2月からだからこのころはまだ固定相場制だ。いずれにしても、当時の円は米ドルにたいして今と比べると圧倒的に立場が弱かった。となれば、日本からアメリカへの留学にかかる費用負担が現在とは大きく異なっていた。自身も1950年代にコロラド州への留学をしている古川は、それがどれだけ財布に負担のかかることかをよくわかっていたのだ。とはいえ、半世紀以上前の話だ。古川にしても広瀬にしても、当時、どのような温度でコーチ留学について話したか、正確に覚えているはずもない。いずれにしても、まずは広瀬が先陣を切る形でアメリカへ渡ることとなった。1972年のことだ。その後、チャックがノースカロライナ州のウェイクフォレスト大学フットボールチームの指揮官となったことで、彼も同校へ移り、指導者修業を続けた。

広瀬からバトンを受ける形で次にコーチ留学に出たのが伊角だった。伊角のアメリカ行きの決断のしかたもまた、ずいぶんとラフなものだった。

1974年1月、チャックのウェイクフォレスト大が来日し、それより3年前のユタ州立大遠征と同様、関東と関西で全日本チームと対戦している。伊角は関学大を卒業した翌年度ながら、ユタ州立大戦と同様、全関西の選手としてプレーをしたのだが、広瀬のときと同様、試合後に留学の話をもちかけられた。

「チャックさんから『次来るやつおんの？　来てもええで』と試合後に言ってもらって、『ほんだら、ぼく、いきますわ』言うて、親にも相談せず、なにも考えずに手を上げたっていう（笑）」

このときすでに、伊角は4月からの就職先が決まっていた。しかし、アメリカへのコーチ留学という機会を逃す手はなかった。彼の記憶では「3月の初めくらい」に、両親へアメリカ行きの話をしている。

「就職やめていいかと言うたら『勝手にしたら。大学を卒業するまでは親の責任やけどあとは自分の責任。いきたかったらいっていいけど、カネはどうすんねん』なんて話をしたな」

そんな経緯もありながら伊角は1974年の8月から無事、ウェイクフォレスト大へコーチ留学に出ることとなった。彼はこの年の秋のシーズンからチームにスタッフとして参加し、翌1975年は春の練習から秋のシーズンまでフルで指導者の勉強をしている。

鳥内秀晃の場合は、守備バックとしてプレーした関学大卒業後の1982年から2

シーズン、チャックがヘッドコーチ兼体育局長を務めていたサザンオレゴンステートカレッジ（現・サザンオレゴン大学）で、そして1985年はカリフォルニア大学ロサンゼルス校（UCLA）にコーチ留学をしている。鳥内は、広瀬や伊角のようにチャックが率いたチームと対戦した経験はなかった。だが、自身が13歳で1971年のユタ州立大の遠征の際に、甲子園のグラウンド上でチャックと対面している。

「親父（故・隆一氏。1968年から2年間、関学大監督）に連れていかれて。試合が終わってからチャックさんと会うて、挨拶してな。チャックさん、うちの親父と同級生やねん。だけどそのとき、ぜんぜんフットボールやるともわからへんで、おれは」

鳥内がフットボールを始めるのは大学へ進んでからだ。高校まではサッカーをしており、大阪府立摂津高校では2年生時に全国高校サッカー選手権に出場するほどの実力者だった。そんな彼が、まだ自身がフットボールをするかどうかもわからない少年期に挨拶をしたチャックを頼って、コーチ留学をし、やがては日本の大学アメリカンフットボール史上最高の指揮官と呼ばれるほどの実績を勝ち得ていくのだから、面白いものだ。

高校からフットボールに親しんでいた広瀬や伊角と違って大学から競技を始めた鳥内だったが、卒業後にアメリカへコーチ留学することは心に決めていた。だから、就職活動をすることもなかった。鳥内の父は当時、関学大の青年監督だった伊角に、「(息子の)就職はどうなってんねん」と聞いたが、伊角も鳥内の進路については何も関知していなかった。

鳥内は、悪びれることもない口調で当時を振りかえる。

「伊角さんにおれ、言うてへんし。就職したくなかってん。アメリカいきたかってん」

監督としては史上最多となる12度の優勝を果たした甲子園ボウルも、選手としての鳥内は一度も勝てなかった。入学から4年連続でその舞台には立っているが、全て日大を相手に苦杯を喫した。それだけ同じ相手にやられると、自然とこのチームに勝ちたいという気持ちになった。鳥内も、伊角同様、ほとんど自分自身の気持ちだけに従って、アメリカへ行くことを決めているが、その根源は日大を倒すというモチベーションだった。

「3年の時も負けとったし、4年目も負けるの決定しとったし、もういこうと。伊角さんからは『親父に言うてんのかい』と言われて『いや、言うてません』と。まあ、いかしてくれると思ってたから」

アメリカの大学に日本人のコーチがスタッフとして簡単に加われたというのは、あらためて考えても貴重な事象だった。チャックとトム・プラットがチーフスのスタッフとして第1回スーパーボウルに出場したことについては述べたが、このとき、フィールドに立つことができたのはヘッドコーチを合わせて4人だけだったというし、現代とちがって当時は、NFLといえどもスタッフの数はずいぶんと少なかった。

大学フットボールも同様で、今はノートルダムやテキサス、ミシガンなどはグラジュエイト・アシスタント（大学を卒業した学生など）を含めて総勢40人以上のスタッフがサイドラインに降り立つことが許されているのに対し、広瀬や伊角らがコーチ留学したころはスタッフの枠もぐっと限られていたに違いない。広瀬にしても伊角にしても、メディアガイドに名が載るなど、正式なスタッフとしての扱いを受けてはいるが、日本からのコーチに枠が与えられたということは、非常に大きなことだった。その背景には無論、日本がチャックと知己を得たということが大きかった。そのこと一つに関しても、ユタ州立大の遠征実現というのは歴史的なことだったのだ。

あらゆるものを吸収していった日本フットボール界

さまざまな日本人コーチたちがチャックとのコネクションからアメリカでコーチの勉強をしたなかで「一番弟子」となり、濃密な時間を経験したのは広瀬だった。

ユタ州立大の日本遠征時にアメリカ留学を決断し翌1972年の夏に渡米した広瀬は、秋のシーズンから同大チームで修業を始めた。もっとも、修業とはいいながらも、英語の壁のためにチャックらコーチ陣や選手たちがなにを話しているかもわからないわけだから、大学に併設された英語学校に通いつつ彼らがなにをどのようにしているかを眺めるというのがもっぱらだった。

「まだ最初はオロオロしてたし、スタッフのオフィスなんかも寄んねんけども、英語の学校にも3か月は通っとって、そのあいだはシーズンと重なってたし……、ただチームのことを手伝ったかと言うたらて手伝ってはいないねん。ドミトリー（寮）に住むのに費用がかかるということで、ボールボーイみたいなことをしてアルバイト料をもらったりもしてたけどね」

英語と格闘しながら、かつコーチの〝見習いの見習い〟といった立場でいながら、それでもユタ州立大で広瀬はいくつもの衝撃を受けている。たとえば、ゾーンディフェンス。今では日本でも当たり前のように使われるこの戦術も、広瀬によれば当時は存在していなかったという。当時の日本でディフェンスといえばマンツーマンが当たり前だったのだ。

「私もユタでプレーブックをドーンともらって、英語で書かれてるからそれを調べながら読んでたんやけど、もうすごいカルチャーショックで『こんなもんがあんのかいな』となったわね。それくらいフットボールの差はすごかった。日本はまだゾーンでディフェンスしてない時代やもの」

当時の日本のフットボールは、今と比べるとかなりラン攻撃の比重が大きく、ディフェンスはそれを守るために最前線に6枚の選手を置く〝6－2〟の隊形を敷くチームが少なくなかった。パス攻撃の発達した現代では7人のところに8人を割くわけだから、後方にいる選手の数は必然的に手薄になる。

しかし、そのころには日大が、彼らの代名詞であるショットガン隊形からのパスを織り交ぜた攻撃を取り入れており、広瀬は関学が日大に苦しんだのはそこも理由だったのではなかったかと回顧する。１９５０年代なかばから、日大と関学大は甲子園ボウルで何度も対戦しているが、このころの戦績は日大が圧倒的だった。１９７０年の第25回大会に関学大は甲子園ボウルで日大に勝利するが、ここを境に日大を苦にしなくなったのは、広瀬や伊角らがアメリカから持ち帰った指導法によるところも大きかったはずだ。

「私はいちおうオフェンスやったけど、ゾーンディフェンスなんかを勉強して、持って帰ってきた。関学がちょうど甲子園ボウルで5連覇してるころに私、日本に帰ってきてんけど、それでゾーンを使って。日大からしたら初めて見るものやから、あれはごっつ効果あったわね」

関学大は１９７３年の第28回大会から甲子園ボウル5連覇を達成しているが、このうち3回は日大を倒してのものだった。その5連覇目は51対20という圧勝だった。広瀬のいう「効果あった」とは、この試合のことだったのだろう。

ちなみに、翌年の第33回大会で両校はふたたび対戦し、日大が63対7という大差で雪辱している。この試合で日大は、関学大ディフェンスがパス警戒をしてくる裏をかいて、前半はクオーターバック、金井義明のランを中心に攻めて撹乱し、序盤から連続タッチダウンで点差を広げたことが勝利につながっている。

このころの日本のフットボール界は、いわば「乾いたスポンジ」のようなものだった。チャックのユタ州立大の日本遠征を境に日米の関係構築が進んだことで一気に流入してきたアメリカの戦術や情報、知見全てを、むさぼるように吸収していったのだった。

すでに触れたが、ユタ州立大の来日後、ウェイクフォレスト大やハワイ大が同様に日本で試合を行い、１９７６年1月にはジャパンボウルが始まり、そののちにはパイオニアボウル、ミラージュボウルといったＮＣＡＡ公式戦も開催、１９７６年には初のＮＦＬ公式プレシーズン戦でセントルイス・カーディナルズとサンディエゴ・チャージャーズが試合を行っている。

ユタ州立大が来るまで閉ざされていた扉は大きくひらき、毎年、ノートルダム大やブリガムヤング大といった誰もが知る名門校を含め、アメリカのチームがこのアジアの国で試合を開催するようになったのだ。日本側からすれば「生きた手本」がむこうから来てくれるわけだから、最高の時代だっただろう。なにしろ、ユタ州立大の来日以前は、学びたくとも教材が非常に少なかったのだから。

コーチ留学生第1号の広瀬はウェイクフォレスト大へ

もちろん、広瀬がチャックを頼ってコーチ留学生の第1号となって先鞭をつけたことも大きかった。彼が先陣を切って渡米したことで、後に伊角や鳥内らが続き、日米フットボール界の結びつきは強くなっていった。

広瀬は、伊角や鳥内らと比べても、チャックとの結びつき、関係性という点ではもっとも密接だったといえる。ユタ州立大とウェイクフォレスト大と2校にわたってチャックに師事したからだ。もっとも、広瀬がユタ州立大にいたのはわずか1シーズン。その間はまず英語に慣れることに必死で、フットボールチームのことに直接的に関わることは少なかった。

広瀬が当時を思い出す。

「ユタでは練習や試合をみてゴソゴソしてるだけやったから。あっちに着いてすぐにシーズンが始まって、コロラドまでは飛行機で連れてってもらえたけど、それ以外のオクラホマ大なんかとのアウェーの試合の時なんかはユタに残ってたもんね。だから半分、お客さんみたいなもんで。グラウンドに行ったらトニー・アダムスが放ってるのを横で見たり、ボールを受けたりはしとったけどね」

そんな広瀬が「まともなフットボール」を学ぶようになったのは、チャックについていく形でウェイクフォレスト大にいってからだった。だが、チャックの新天地行きを知ったのは、寮で見ていたテレビニュースを通してだった。ユタ州立大の学長は、広瀬にはチャックが去ってもそのまま残ってもいいと言ってくれた。だが広瀬は、チャックについていくことにした。

「チャックさんから『こっちに来るんやったら来い』みたいな手紙が来た。で、『すぐいく』と返事しました。ついていかなしゃあないなと」

これは現代でもアメリカのスポーツ界では当たり前のこととなっているが、ヘッドコーチがチームを変わるときにはその人のアシスタントコーチらも一緒に移ることが多い。英語ができるようになっていたということもあって、純粋にフットボールを学ぶという点では、ウェイクフォレストこそ広瀬がもっと実のある時間をすごしたところだった。

ウェイクフォレストで広瀬は正式にコーチングスタッフとして認められた。当人は「おまけみたいなもんやけどね」とは言うが、オフィスに場所ももらって、雑用的な仕事もこなしつつ、スタティスティクス（統計）を見ながら対戦相手のスカウティングレポートの作成などにもあたった。広瀬いわく「まともなフットボールをずっと勉強できた」。

とはいえ、広瀬にとってチャックは「雲の上の人」であり、彼と話す機会がそうあったわけではなく、どちらかというとアシスタントコーチで広瀬と年の近いガース・ホール（1980年代後半からアイダホ州立大ヘッドコーチを務めた）とのほうがより時間を多く過ごした。それでもチャックからはスカウティングレポートの表紙に載る漢字を書かされるなど、気遣ってもらっていたことに変わりはなかった。

「スカウティングレポートの表紙には『闘志』とか、相手のマスコットを引き裂いている絵のところに『爆裂』って書いたりね。そういうのをチャックさんからつくれって言われんねん」広瀬は、懐かしむような表情でそう言う。

ユタ州立大の時には、アウェーでの試合には帯同できなかったが、ウェイクフォレストでは全ての試合についていくことができたし、全国各地で行われるコーチングクリニックへいくようなこともあった。そんな時に借りるレンタカーも、大学のコーチとなると安く借りられもした。アメリカでのフットボールの地位の高さを物語っていた。

「雲の上の人」のチャックよりも、彼の妻、バーバラと話すことのほうがあるいは多かったかもしれない。チャックがユタ州立大からウェイクフォレスト大へ移った時にコーチ陣もごっそり動いてきたことには触れたが、妻帯者はほとんど単身赴任で移ったため、広瀬を含めたそういったスタッフを、バーバラがしばしば家に招待して料理をふるまってくれた。アメリカでさまざまな経験をしてきた広瀬にとっても、バーバラの手料理の味は忘れられない様子だ。

「バーバラさんのごちそうはなんべんも食べたよ。ほんで、ものすごい量、出してくれんねん。それで頑張って食べたら、次はまた量が増えてるんちゃうかという感じで。だから、ウェイクフォレストへいってから僕、バーバラさんのごちそうは一番食べさしてもうたんちゃうかな」

コーチングには愛が必要

先にも書いたように、広瀬らが直接的にチャックからフットボールの技術や戦術について手取り足取りで学ぶことはなかったものの、それでも、指導者としてかけがえのない、大切なことを吸収した。

そのなかの一つが「コーチングには愛がなければだめ」ということだった。

もちろん、技術や戦術は大事で、基本的なことはどんな選手やコーチも教えを受け、理解している必要がある。「～愛がなければだめ」というのはそういったものがあるという前提での話である。広瀬らが留学したのは、選手たちも大人としてみなされる大学のチームだ。そしてコーチたちはチャックが見定めて集めた、信頼のおける者たちばかりだった。

「そんなもん、なんにもせえへんかって、犬を連れとって試合強くなるわけないもんな（笑）」

広瀬が、そう冗談を込めて当時のチャックを思い返した。チャックは練習時でもグランドに入ってきてあれやこれやと指導をするというよりも、飼い犬を引き連れ、グランドから少し遠いところから葉巻をくゆらせながら眺めていることが多かったという。渡米するまでまさかチャックがそのような指導法を敷いているとはつゆほども知らなかった広瀬は、いざ彼のチームに加わってその姿を見て拍子抜けした。

「アメリカの、ほかのところのコーチだと、試合中はヘッドフォンをつけてガーッと話すという感じだけど、チャックさんの場合はそんなことはない。だけども、全体的なことをきちっと押さえてコーチたちのことを信頼しながら彼らにやらせていた。日本で言う〝監督さん〟という感じやったね」

そんなチャックを見て、のちに関学大のヘッドコーチや関学高等部の監督を務めた広瀬は、大きな影響を受けている。フットボールの技術的、戦術的な細かな部分の大半は、広瀬と同年代の若い攻撃コーチ、ガース・ホールたち、チャック配下のコーチたちから学んだ。

広瀬のチャックについて一番の印象は「気遣いができる人」だ。前述した通りコーチ陣を家に招いて食事を振る舞ったり、のちに来日した際、広瀬の娘に人形やぬいぐるみといったおみやげを買ってきてくれたりしたことでもそれが感じられた。いうなれば、フットボールにおいてもそれは同じで、チャックはチーム全体の雰囲気を醸成するための気配りを重視する指導者だった。

1972年のシーズン直前からユタ州立大に加わった広瀬にそれがすぐにわかったわけではなかったが、グラウンドに通い、チャックと彼のコーチたちと日々接するなかで、少しずつチャックというコーチのなんたるかが見えてきた。

「それを行っていた2年でわかったというつもりもないけど、でも彼の優しさはわかったよ。飯を食わしてもらったり、けっこう声をかけてもらったり。あとから『あ、あのときにお金だしてもらってたんだ』とかね。知らないうちにプレイブックにぼくの名前も載っていて、ぼくについてのコメントも書いてくれてんねんから」

チャックが広瀬の手紙に応え、子供たちとの約束を守る

広瀬が、いまでもチャックに対して感謝していることがある。それは、広瀬が関西学院高等部の監督だった際の1997年のことだ。同高等部チームは1971年以来、毎年のようにハワイ遠征をして地元の高校と対戦をしたり、あるいは在日米軍基地内の高校と試合を行ったりと国際交流を続けていたのだが、この年は、初めて米カリフォルニア州オークランド市近郊への遠征が企画されていた。実現していれば、初めてのアメリカ本土への渡航だ。

ところが、これが先方の事情でなくなってしまった。海外遠征の話はすでに選手たちには伝えられていた。伝えられていた、というよりは約束されていた。選手たちにとって海外遠征は、厳しい練習をこなした彼らにとっての「ごほうび」のようなものだった。

「徳永さんが監督だったときに『子供たちに嘘をついてはいかん』とおっしゃっていて、その言葉が残ってて。『いくぞ』言うてたんがいかれへんでしょ。それでチャッ

クさんに『助けてほしい』と手紙を送ったんです」と広瀬が言う。

当時、チャックは沿岸警備隊士官学校のヘッドコーチを務めていた。同校はコネチカット州ニューロンドンという街にある。チャックは広瀬の助けを求める手紙に対して「来なさい」と返事をした。そして、地元のセントバーナード高校との試合を設定してくれたのだという。広瀬によれば、セントバーナードの体育局長の息子が当時、沿岸警備隊士官学校でチャックの下で働いていたため、その息子がニューロンドンなどの高校に声をかけて関西学院高等部の相手を募ってくれたそうだ。

「その遠征の時期まで半年もないくらいだったんやけど、いってみたらもうすごい歓迎やってね。ニューロンドンの商工会議所がサポートしてくれてロブスターパーティーなんかも開いてくれて。こんなでっかい鍋にロブスターが常時ある。で、私らの選手たちはみんなホームステイしてね。だから、チャックさんには感謝しかないですよ」

広瀬は日本人にとって、チャックではなくアメリカのどのコーチのところへ行ってもフットボールの勉強にはなっていたはずだと語る。しかし自身は、チャックのチームで修業しながら彼の包容力や優しさに触れたことで、もっと大きなものを身につけることができたと感じている。

「私の人生のなかで、フットボールを知ったということはもちろんいろんなチャンスをもらえたということはあるけど、チャックさんを知ったということがすごく大きなことやったね」

広瀬は、チャックのことを「教育者」と表現し「学生フットボールに向いてはるような気がする」とした。チャックが鬼籍に入ってしまっている以上、彼の本心はわからないが、NFLチーフスに在籍する機会にも恵まれながら、短い期間いるだけですぐに大学フットボールへ戻ったのも、あるいはフットボールというスポーツを通じて若者に教育をほどこしてあげたいという気持ちが強かったのではないだろうか。

関学大では現在でも「フットボールだけではだめ。大学は教育機関なのだから勉強もしないと」という空気がある。広瀬は、そういったところはあるいはチャックが同大と深く関わりを持ったからではないかとも推察する。

「関学はそういうところを引き継いでいるような気もするけどね」

体育館の地下に寝泊まりしながら仕事をこなした伊角

「チャックの息子」の一人、〝次男〟伊角がコーチ留学をしたのは1974年の8月で、いわば日本に帰国した広瀬と入れ替わりのような形でウェイクフォレスト大へ赴いたことになる。

きっかけは、広瀬のときと似ていた。同年1月、1971年同様、チャックは自身のウェイクフォレスト大を引き連れて再び来日し、国立競技場と尼崎陸上競技場で東西の全日本チームと試合を行ったのだが、関西での試合に出場した伊角に、広瀬からバトンを受けてではないが、再び、関学大からコーチ留学の白羽の矢が立った。もっとも、伊角の場合は広瀬よりも少しばかりアメリカへ移る準備ができていたかもしれない。というのも、渡米前に横須賀基地に1週間ほど滞在して、ケント・ベアから英語のてほどきを受けていたからだ。

「今も英語、下手やけど、その当時はもっとひどかった。ほんでケントが『お前、そんなんでほんまにアメリカいくのん？　アメリカいくまえに1週間でもいいからおれの家に滞在しろ。おれは横須賀の基地に出勤するから、昼間はずっと横須賀の基地のなかで生活したらどうや』って言うてくれて。で、1週間、アメリカの生活の疑似体験をしたということやな」

ケント・ベアといえば、1971年のユタ州立大来日時に同大側の選手として日本と対戦した人物だ。彼は卒業後の1973年から、同基地内のフットボールチーム「シーホークス」のコーチとなっていた。これを耳にした伊角はベアに連絡を取るのだが、横須賀チームの活動は秋が中心と彼から聞いた。当時、伊角は関西で関学大OBを中心に誕生した社会人チームの「ナックル(NACL)」でプレーしていたが、ベアが春季の大会ならばプレーがしたいということで、晴れて「同僚」となった。そこから今にまで続く親交が始まったのだ。

「それで春の西日本大会に出場して、西宮ボウル(全関東対全関西のオールスター戦)にも西軍の選手として私も彼も選ばれたんやけど、そういうことの積み重ねで仲が深まっていったという形やな。今や義理の兄弟、アメリカと日本の兄弟といった意識を持った仲になったということやな」と伊角は言う。

ベアのもとで多少英語の準備をしたとはいっても、伊角がアメリカに到着したのは8月だった。8月といえばフットボールシーズンが始まる直前だ。本当はもっと早くいきたかったたし、実際、その年の4月頃からビザの申請をしていたのだが、これが紆余曲折でなかなか下りなかった、といった事情があった。それでも、伊角は最初からきちんとしたスタッフとして迎え入れられた。グラジュエイト・アシスタントという、通常は選手としての資格を終えた大学生院生などが担う立場でだった。

伊角は最初、大学の寮に住んだが、寮が選手でいっぱいとなって、その際には「体育館の地下にある体操場みたいなところ」をパーテーションで区切ってもらって、ベッド一つが置かれたスペースに寝泊まりしながら、与えられた仕事をこなす時期もあったという。しかし、自らが望んで憧れた本場・アメリカでのコーチ留学で〝親方〟のチャックの下で学ぶために海を渡ったのだ。若かったこともあるが、伊角に文句などあろうはずがなかった。

「そんなん、弟子入りしてんねんから、なんにも思わへんかったな。どっちにしたって試合のフィルムを分析してねんし、終わったら寝るだけやしな。地下にシャワーもあったし、飯は道をわたったところのカフェテリアで三食食えんねんし。なんにも困らないわな。そんな生活は、私も楽しんどったんちゃうかな」伊角は、さばさばとした口調で当時をそう回想した。

フットボール部での活動以外にも「役割」があった。大学構内のカフェテリアでは選手たちが「専用レーン」で食事を取りに来るが、その受け付けとして彼らの出入りをチェックするというのがそれだった。英語がまだ十分にできなかった伊角でもこなせるということもあった。

フットボールの分析は、デジタルな手段がふんだんに使われる今と比べて当時はまだまだアナログなところがあったから、手間がかかった。これは広瀬にしても伊角にしても、後述する鳥内にしても同じなのだが、彼らはチャックを頼ってアメリカへ渡ったといっても、彼から直接的になにかを教わったということは、ほとんどなにもなかった。ただ、伊角の場合は、膨大なフィルムを見ながらの分析という役割をこなすなかで、本場のフットボールが勉強できた。

「これから対戦する相手の攻撃を、フィルムを見ながら分析してくれと。これこれこうやってやんねんって教えてもらって、ビデオ機器をつけるようになっていったということやねんな。守備側から見た攻撃のシステムの分析の仕方はよう勉強できたもんや」

面白いのが、他校の試合のフィルムを交換していたということだ。こちらの持っているものを渡すから、そちらのをもらえますかといったところだ。ギブ・アンド・テイクである。たとえば、ウェイクフォレスト大のあるノースカロライナ州にはノースカロライナ大チャペルヒル校やノースカロライナ州立大といった学校がある。では彼らとフィルムの交換をするとなったとき、伊角らが車を運転してそれぞれの学校との中間地点で落ち合うのだ。

「この試合とこの試合の3試合ぶんくらいのフィルムを交換すんねんけど、互いに『この地点で落ち合いましょうか』と話をつけておくわけや。ほんで、向こうが来たら名前と試合のフィルムを確認して『バイバイ』言うて帰んねや」

〝一番大事〟なチームに必要とされているなら帰るべき

チャックが手取り足取り指導をするコーチではないことには、すでに触れた。だから、伊角にしてもチャックになにかを相談するようなことはほとんどなかった。しかし1975年、伊角はチャックのもとへ足を運ぶ。日本では京都大が、のちに「涙の日生球場」という歴史的名勝負でもプレーしているクオーターバック、宅田裕彦ら好選手を揃え急速に力をつけてきたことで母校の関学大が苦戦をしており、帰国して手を貸してくれないかと言われたからだった。

それは、10月ごろとシーズンまっただなかでの話だった。伊角は分析などを行うウェイクフォレスト大チームの一員でもあったわけだから、その相談を彼がするのにも意を決するような気持ちだったはずだ。

だが、チャックの伊角への返答は、思いのほかストレートだった。

「日本へ帰るべきだ。自分の一番大事なチームが必要としてくれてるのだから、帰るべきだ」

帰国の相談をして即座に「ならば日本へ帰るべきだ」と伝えてきたチャックの言葉は伊角にとって意外だったかと問うと、そうではなかった。というのも、アメリカへ渡ったのは伊角個人のためというよりも、それが母校、関学大のためになるという思いからだったからだ。

「個人の技量をたかめるためにいくという理解はしてへんし、チャックさんもそのために引き受けているというつもりはたぶん、ないだろうから。だから、チームが困って助けを求めとったら、帰る以外に選択肢はないやろっていう考え方やったと思う」

チャックの言葉を受けた伊角は、すぐに帰国の途についた。このときは一時的な滞在で、彼は翌年、ふたたびウェイクフォレスト大へ戻るのだが、1974年に就任した水野彌一監督の指導によって京大が力量をあげてきたことで、伊角は翌年の1976年もおなじように母校からの帰国要請を受ける。

この1976年シーズン、前年にもまして力と自信をつけた京大は、秋季リーグ戦の最終戦で関学大を21対0と完封し、145試合ものながきにわたって続いていた関学大の公式戦連勝記録に終止符を打ったのだ。これで1敗同士となった両校。万博記念陸上競技場に1万5000人を集めて行われたプレーオフでは、関学大が13対0で勝利し、甲子園ボウルの出場をなんとか28にまで伸ばした。

この時、帰国した伊角がアメリカに戻ることはなかった。もとからこの年いっぱいでアメリカからひきあげようと考えていたからだ。

チャックの〝三男〟鳥内秀晃もコーチ留学を経験

そして「チャックの息子」の〝三男〟である鳥内秀晃が、伊角からすこし間はあいたものの、1982年からコーチ留学でアメリカに渡る。

広瀬と伊角と違って、鳥内は1971年のユタ州立大来日の際に相手方としてプレーをしてはいない。先にも触れたように1958年生まれの彼は、当時まだ13歳だったのだ。ただ、鳥内はこの1971年の際に、チャックとの「対面」はすでに果たしている。鳥内の父、故・隆一は1949年の関学大の初めての日本一となったときの副主将で、1968年からの2年間、関学大の監督を務めていた。

鳥内自身がフットボールを始めるのは同大へ進学してからだったが、先に記したようにユタ州立大との試合には父に連れられて甲子園を訪れていた。

「そのときは誰が通訳したんかしらんけど、親父はチャックさんとしゃべってるやん。おれを息子やと紹介して。『いずれお前のところいくから』とか言うたかしらんけど（笑）。会うてんのは覚えてるよ」

本人がこういうように、この当時の鳥内にはチャックがどのような人物かもおそらくわかっていなかったはずだ。目のまえで見た試合についても「感想というよりも、グランドに出るともう（ユタ州立大の選手たちが）でかすぎるやん」という程度のものだった。

そんな鳥内が、やがて関学大でフットボールを始め、そして卒業後にチャックをたよってアメリカへ指導者留学をし、そしてその経験も生かしながら、２０１９年シーズンをもっての退任まで、関学大をじつに12度もの甲子園ボウル優勝にみちびく名将となっていくのだから、つくづく縁というものを感じざるをえない。

それを鳥内に伝えると、彼はこう返してきた。

「それは言うたで、チャックさんに。チャックさん、覚えてへん。そんな人、いっぱいおるからな」

中学、高校とサッカーをしていた鳥内は、1978年に入学した関学大でフットボールに転向する。ポジションはディフェンス最後方に位置する守備バックだった。甲子園ボウルには1年生から4年連続で出場した。が、4度とも、日大に敗れた。

鳥内が渡米したのは1982年の7月。ハワイ、ニューヨーク、シカゴ、ダラス、ユタ州の知り合いに会いながら、最終目的地のオレゴン州にあるアッシュランドにたどり着いた。

アッシュランドは、カリフォルニア州との州境に接したところにある小さな街で、当時、チャックがヘッドコーチと体育局長を兼任していたサザンオレゴンステートカレッジのある場所だった。人口は現在でも2万人強ほどと小さい。鳥内がいったときには1万人台だったようだ。広瀬や伊角のいっていたユタ州立大やウェイクフォレスト大はNCAAの1部校だったが、サザンオレゴンはNAIA（National Association of Intercollegiate Athletics）という小規模大学の所属する協会で、NCAAに当てはめれば3部相当だった。2014年に同校は、NAIAの全米王者となっている。

チャックはウェイクフォレスト大を離れ、1980年からここに来ていた。彼はフットボールの指揮以外でも、本拠、レイダースタジアムの建て直しのために基金を募り、1985年にはチームを遠征させて神戸で関学大との試合を行った。その翌年には、反対に関学大を呼んで同所で試合をしている。また、同大スポーツチームの愛称"Red Raiders"にアメリカ先住民の蔑称が含まれているとして"Red"を取りのぞき、また同様に先住民をイメージさせたマスコットも廃止した。

そうした功績を讃えられてチャックは、2019年には同校の殿堂入りを果たしている。

1982年のサザンオレゴンチームは8月15日からシーズン前のトレーニングキャンプを開始したとのことだが、鳥内がアシュランド入りしたのは同10日と直前だった。もっと早く到着したかったものの、来ても寮が開いていないからだった。サザンオレゴンでの鳥内は「日本から来たインターン生」とメディアガイドに紹介されていた。ただ、学校の規模が小さく、コーチ陣もチャック以下は攻守のコーディネイターがいるだけで、あとはボランティアの指導者がいるだけだった。鳥内にもフィルムを見ながらの分析など仕事が割り当てられた。守備ラインコーチについてサポートする役割もあった。

広瀬や伊角の留学していた大学との規模の差を問うと、鳥内は「ちゃう、ちゃう」と、即座に返してきた。

「あっこ（ユタ州立大、ウェイクフォレスト大）はもっといい。でもおれ、それで良かってん。いろいろ雑用やって。16ミリフィルムも自分で直してな」

ユタ州立大やウェイクフォレスト大との学校の規模の差異については触れたが、広瀬、伊角らがコーチ留学していたころから数年間が経ち、その間に日本のフットボールと選手たちの技量等が進化していたということもあったかもしれない。鳥内は、サザンオレゴンのチームについていていてとりたてて驚いたことはなかったと振り返る。チャックとは日々、ミーティング等で顔を合わせはするものの、彼からフットボールの面でなにかを教わったということもほとんど記憶にない。

「なんやろな……、べつにないねん（笑）。生活できてるからな。なんもないねん。田舎やし。ミーティングのときにはファンダメンタルの大切さとか私生活のこととかうるさかったけどな。ドラッグとかやったらいかんからなとか」

同じことは広瀬や伊角にも当てはまっただろう。彼らは、チャックというフットボールコーチという以上に「教育者」の面の強い人物から多大な影響を受けた。でなければ、彼らがみな、チャックを「自分のもう一人の父親」といったような言いかたをするはずはないのである。

UCLAのチームミーティングにも「勝手に」参加

鳥内がアメリカでコーチ留学をしたのは4年間だったが、サザンオレゴンにいたのは3年間だった。最後の1年はチャックの下を離れて、日本でも有名なUCLA(カリフォルニア大学ロサンゼルス校)ですごしている。

「規模、違うところみたかってん。マネジメントとかどうなってんのとか。あれ(UCLA)くらいになってきたらもう学校はすごくバックアップできてるわな。授業の一貫やからな」

ちょうど〝ウエストLA〟に飲食店を営む先輩がいたこともあって、そこでアルバイトをしながらＵＣＬＡに行けないかと考えた。ＵＣＬＡはそのころ強く、１９８２年、83年は連続でローズボウルに、84年はフィエスタボウルに出場し、いずれも勝利していた。

鳥内はチャックにほかの大学へいきたい旨を伝え、推薦状を書いてもらえないか頼んだ。当初、新天地探しは難航した。チャックの教え子たちは全米中に散らばってはいたものの、なかなか受け入れ先は見つからなかった。それでも、最終的にはＵＣＬＡにもぐりこむことが叶った。というよりも叶えた。１９８５年、鳥内はロサンゼルスへ向かう。チャックが送ってくれていた、当時のＵＣＬＡのヘッドコーチだったテリー・ドナヒューへの手紙に対して、音沙汰はなかった。

ならば、と鳥内は先方からの受け入れの可否がないままに、ロサンゼルスへ向かった。

チャックからの手紙は届いていたが、こう言われてしまった。「いや、もうコーチ陣はすべて決まってしまっていて、枠がない」

鳥内は、引きさがらなかった。「いやもう、オブザーバーでええから」

するとUCLA側が折れた。8月某日、シーズン前のキャンプが始まるから来いと言われた。「オブザーバー」としてチームに入れてもらった鳥内だったが、チームとしてはおそらく「練習見学」程度の認識だったのだろう。しかし鳥内は、チームミーティングにも「勝手に」参加して居すわった。

「そうしたら仲間や(笑)」

鳥内は、オフェンスラインとタイトエンドのコーチに「くっついて」いた。この年、のちにNFLの名ラインバッカーとして名を馳せ、シアトル・シーホークスなどの守備コーディネイターを務めることとなるケン・ノートン・ジュニアらを擁したチームは、9勝2敗という好成績を挙げてふたたびローズボウルに進出。アイオワ大を45対28で破っている(このときの全米テレビ中継の解説者はユタ州立大OBのマーリン・オルセンだった)。

この年、鳥内は帰国して甲子園ボウルに出た関学大にも帯同している。関学大が明治大との点の取り合いの末、48対46で勝利したのを見届けると、再びUCLAへ戻ってローズボウルにも立ちあった。

〝学生アスリート〟は、まず学生であるべき

こうして、鳥内はアメリカでのコーチ留学を終えた。

1986年からは関学大のアシスタントヘッドコーチ兼守備コーディネーターに、そして1992年からは監督となり、2019年の退任までの28年間でチームを甲子園ボウルに15回出場させ、うち12度優勝を果たすなど、数々の輝かしい実績を残した。

鳥内は歯に衣着せぬ言動で有名だが、そのことはここまで読みすすめていただいた読者にも伝わっていることだろう。彼の風貌と関西弁も手伝って、対峙する人の背筋を伸ばしてしまう、そんなところがある。あり体《てい》にいえば、(見た目が) 怖いのである。だが、そんな印象とはかけはなれ、関学大指揮官時代の鳥内のチーム運営は、いわゆる古くから日本の学校スポーツにあった精神論、上意下達、鉄拳制裁といったものとは縁遠い合理的なものだったといえる。

試合中にどっしりとかまえて、実際の指示は信頼を置くコーチ陣に任せるというのも、チャックやドナヒューのチームで見てきたことが影響しているところがあった。

「基本的にヘッドコーチってそういうものやねん。ドナヒューもヘッドコーチやねんけど、ミーティングには参加するけど（ほかのコーチたちに）任してた。だけど、NCAAのディビジョン1のどっかのコーチはコーディネーター兼任というのもあるわな。でも、どこかでおろそかになるのわかっててやっててんから。だからオフェンス、ディフェンス、キッキング、裏方、みんなおんねんからちゃんとやらんとあかんでと」と鳥内は言う。

1971年のユタ州立大遠征を経て日本のフットボール界が多くを学んだことはすでに記してきたが、武田建はそのなかで最たるものはこの「自身のコーチに役割をまかせる」ことだとしている。責任をゆだねることでアシスタントである彼らがよろこび、より真摯に、意気込み高く仕事に取り組むことができるからだ。

ユタ州立大でクオーターバックだったアダムスは、チャックが〝Xs and Os〟――戦術の――コーチだったことはないとする。「彼は組織の全体を見てそれをまとめ、選手たちのやる気を引き出すのに長けていた人でした」。

試合前のミーティングなどでもチャックが細かい指示をするわけではなかった。アダムスは、ホワイトボードに描くチャックの指示がプレーというよりもパズルかなにかを書いているかのようだと他の選手たちと笑っていたほどだったという。

もちろん、細かい指示はチャックの「右腕たち」たるほかのコーチたちがした。それは、彼がどのチームにいようと変わることのないものだった。

アダムスは、次のように語る。

「自身のコーチたちを雇う際、彼はけっして自分の考えを押しつけるようなことはせず、彼のやろうとしているフットボールを理解してもらったうえで、コーチたちには彼らの力量を存分に発揮してもらおうとしていた。それこそが、コーチ・チャックのもっとも際立った特徴だったんだよ」

教育、いやもっと正確にいえば〝人間教育〟は、鳥内がつねに意識してきたことだ。アメリカ留学から戻ってきたころは「上から目線」だった。押しつけて「やらせる」指導だった。それがやがて、選手たち自身の自主性をうながすやりかたへと変わっていった。

当時の関学大に指導者の数が足りなかったということもあって、4年生をコーチ役として彼らに教わる立場と教える立場の両方を経験してもらうことで、自分たちで考える力、文化をチームに浸透させていったのだ。

学生なのだから、学業もおろそかにさせなかった。学業がおろそかになっている選手たちには、クラブの活動参加を禁じた。鳥内がアメリカから帰ってきてから始めたものだった。

ただ、いきなりその方針を導入して、軋轢は起きなかったのか。こうと問うと鳥内は「(方針を) しょっちゅう言うといたらええねん」と、例の口ぶりで返してきた。

「1、2年生のころからそうやるからと言っておくねん。大学生やから当たり前やな。フットボールばかりしてたらあかんでと」

そこで、追い打ちの質問をする。その方針だと、選手のリクルーティング勧誘に影響はでないのか、と。しかし、これに対しての鳥内の返しもまた明快だった。

「いや、卒業できそうなやつを選ぶやん。高校の先生に『彼の成績どうですか』と聞いて。内申だけやったらあかんねん。学校にいって、ええなあと思う選手がいて、先生も『いけますよ』と言ってくんねんけど、勉強の習慣がなかったらできひん」

シドニー・レインは従軍後にユタ州立大に入学し、チャックのもとでラインバッカーを務めたが、ほかの者たちよりも年長だった引け目もあって大学へ行くのをやめてしまった。だが、チャックはレインへ手紙を何通も送り、電話もかけて彼を大学に戻そうとした。その説得の言葉は「フットボール部に帰ってきてくれ」というのではなく「学校を卒業すべきだ」というものだった。こうして、レインはふたたびキャンパスに戻り、フットボール部でチャックは彼をコーチとした。レインはアメリカ大学フットボール界で最初の黒人コーチの一人となったのだった。チャックはウェイクフォレスト大で同じく黒人のビル・ヘイズと日系のクリフ・ヨシダを自らのコーチ陣に加えるなど、当時まだ人種の壁がアメリカ社会に根強く残るなかで大学スポーツ界に一石を投じる採用をしている。

ただレインは、学費の支払いに苦しんでいた。しかし、これを知ったチャックは経済的な援助をしながら、彼が再び大学を離れずにすむようにしてくれたという。こうして無事、大学を卒業することが叶ったレイン。チャックはその祝いとして彼に青のセイコーの腕時計を贈った。ほかの多くの「門下生たち」同様、レインにとってもチャックは父親同然の存在だった。実際、チャックとは実の父親よりも多くの時間をすごしたと、レインは感慨深げに振り返っている。

こうした挿話からも、チャックが自身の選手たちにたいしてどれだけ学業の重要性を強調していたかがわかる。

アメリカの大学スポーツでは選手のことを〝Student-athlete（学生アスリート）〟と呼ぶ。ＵＣＬＡの男子バスケットボールチームを１９６６－67シーズンからの７連覇を含む計10度のＮＣＡＡ・全米王者に導いた名将中の名将、ジョン・ウッデンは、学生にとって本分は学業であると強調する意味で選手たちに向けて「きみたちはStudent-athleteであってAthlete-studentではない。Studentが先にくる。つまりは学生であることを忘れてはいけない」と説いた。

用いる言葉はぶっきらぼうで、細かいところを詳細に語ることはないが、鳥内の言うことはまさにウッデンの言葉と同じである。

「チャックさんもそういうふうに言うとったからな。日本にいたときに、フットボールのコーチが勉強のこと言うとったかな……、思いだされへん」鳥内は、そう語った。

第4章

チャック・ミルズが紡いでくれたたくさんの糸

コーチングツリーの〝兄弟と同志たち〟

人の縁とはつくづく不思議なもので、ときにそういったものが歴史を変える力があると思わされる。スポーツにおいても、それは同様で、たとえば一人の人物の言動が選手や指導者や、チームなどに大きく影響を与え、彼らの進む道を変えてしまうこともある。チャック・ミルズは〝日本における近代フットボールの父の一人〟と形容される。この国のフットボール界にとって彼との「出会い」は競技の進捗速度を大幅に早め、競技史を語るうえではずすことはできない。

アメリカのスポーツではしばしば「コーチングツリー」という言葉が出てくる。すぐれたコーチのもとで師事した指導者が成長し、実績をあげ、そしてその彼、彼女の下で学んだ者が同じように名のある者へとなっていき、それが木の枝のように広がっていく様からそのように表現されるのだ。ここまでで記してきたように、チャックは選手たちに対して直接的な指導をする人ではないから、彼の教え子たちが彼から戦術的、技術的なものを学んだということはあまりないかもしれない。それでも、チャックという「幹」から「枝」は大きくひろがっていったと言える。

チャックは〝Brothers and Kuzins〟という、彼が指導した選手たちやコーチたち、チーム関係者などから構成されるコミュニティをつくった。Kuzinというのは通常「いとこ」を意味するCousinのスペルをもじったもので、「仲間」「同胞」「同士」とでも訳すのが適当だろう。チャックに子供はなかったといわれるが、それでも、彼は自分のチームに在籍したものたちを自分の子供たちのように扱い、彼らもチャックのチームを離れたあとも、彼をもう一人の父親として末永くつき合い続けた。

〝Brothers and Kuzins〟の名簿には1000人以上が名を連ねるといわれる。このコミュニティの人たちは、出身校の垣根などを越えてファミリーとしての親交を深めるべく、毎年のようにラスベガスに集まっている。

「このような組織を、私はほかで聞いたことはない」

ミルズのユタ州立大時代にオフェンスラインマンとしてプレーし、1970年のNFLドラフト1巡目全体4番目指名でボストン・ペイトリオッツ（現在のニューイングランド・ペイトリオッツ）に指名され、このコミュニティのリーダーとして活動しているフィル・オルセンは、そう述べている。

チャックが他界して、彼を偲ぶウェブサイトがすぐにつくられているが、ここに掲載されたチャックという人物を紹介する文章のなかで印象的なフレーズがある。それは“Fatherhood”と“Life coach”だ。チャックには類いまれな父性があり、フットボールという激しい競技の指導者であるにもかかわらず、選手やコーチらを「温かさ」で包み込んだ。

父親のような存在

ウェイクフォレスト大でプレーしたティム・トレンブレイは、チャックがユタ州立大在籍時に勧誘を受けていたが、チャックがウェイクフォレスト大へ移ることとなり、彼もそちらに入学することとなった。勧誘の段で、チャックはこう伝えた。「ウェイクフォレスト大にくれば、日本へいけるよ」。カリフォルニア州出身の彼にとって東海岸の大学へいくことは大きな決断だったに違いないが、しかし、それはまったくもって間違った選択とはならなかった（トレンブレイはカリフォルニア州サンタバーバラで金融サービス業を経営しているが、彼のオフィスには無数のスポーツメモラビリアが飾られ、そのなかには1974年の遠征の際に交換したと思われる日本の背番号「72」番の選手のユニフォームが額に収められている)。

もちろん、それはチャックの存在によるところが大きかった。トレンブレイは高校、短大と強豪チームに在籍し、数々の勝利を重ねてきた。だが、必ずしもたくさんの勝ち星に恵まれたわけではないウェイクフォレスト大での時間のほうが、彼にとってはより有益なものになったと話している。

「たんに高校や短大で優勝をしていたときよりも、本当の意味で大切な経験を得ることができたのはウェイクフォレスト大においてでした。私は金融サービスの会社を持っていますが〝9・11(アメリカ同時多発テロ事件)〟や〝インターネット・バブルが弾けたとき、〝グレート・リセッション(2000年代後半の経済的衰退)〟そして現在のパンデミック(新型コロナウイルスのまん延)などに直面してきました。ではそれらをどうやって乗り越えてきたのか。なにも手立てを打たずにあきらめてしまうのか、そうではなくてどうにか対処しようとするのか。コーチ・チャックはそうしたことに立ち向かうスキルを我々に教えてくれました。彼は先生だったのです」

スポーツにおける功績が認められたトレンブレイが地元、サンタバーバラの殿堂入りが決まったときのことだ。そのことをチャックに伝えると、チャックは殿堂入りを祝うディナーにわざわざ来てくれたのだった。

「自分の人生を見返して、フットボール以外のことでも影響を与えてくれたのが誰かと考えるとき、まっさきに思い浮かぶのはコーチ・チャック・ミルズです」

そしてチャックは、フットボールという競技を通じて選手たちを人として成長させることに重きをおいていた。だから、ただの〝Coach〟なのではなく、〝Life coach〟として人生においての導き役となって、その生涯にわたって教え子たち、仲間たちから「おとうさん」また「先生」として慕われ続けたのだ。

先に記した広瀬、伊角、鳥内にしても、その他、言及しきれない多くの日本人の関係者たちも、同じように「アメリカのおとうさん」といったような感情を抱いているはずだ。

選手や若いスタッフにとってのおとうさんであり、先生だったという表現が、チャックという人物を一介のフットボールコーチ以上の存在にしたことを示す形容としてもっとも適しているのではないか。

トニー・アダムスは、ほかにも「先生」という素養をもったコーチは多数いたとしたが、チャックにはそれにくわえての稀な「父性」がそなわっていたとする。

「コーチ・チャックはオフェンスを指揮する、ディフェンスを指揮するというコーチということではなかった。それは彼の専門ではなかった。彼の得意としたところは自身の哲学をチームに浸透させ、選手たちと向き合うことだった。そして、先生のようなコーチはほかにもいたが、父親のような存在だったのは、私にとっては彼だけだった」

ユタ州立大の来日がなければ、日本のフットボールの発展は遅れていた

もし1971年のチャックと彼のユタ州立大の日本遠征がなければ、この国のフットボールの発展はそうとうに遅れていた——。この本を書きすすめるなかで、取材対象者にはもれなくこのことを聞いた。

広瀬などは、この出来事がなくてもやはり関学大や武田建と縁の深かったマイク・ギディングスや、ブリガムヤング大のヘッドコーチで1970年代にジャパンボウルなどで来日もしているラベル・エドワーズなどから、日本は学んで「それなりに発展していた可能性はある」と語った。実際、エドワーズのブリガムヤング大は1977年、78年と2年連続で日本へ遠征してきて試合を行っている。1977年は国立競技場と名古屋・瑞穂競技場で東西の全日本と「シルクボウル」で親善試合を戦い、1978年には横浜でネバダ大学ラスベガス校（UNLV）とレギュラーシーズン最終戦を行っている。

2016年に亡くなっているエドワーズは、1972年から2000年という長きにわたってブリガムヤング大で指揮を採り、1984年には全米優勝を果たしている名将だ。それぞれヘッドコーチとしてグリーンベイ・パッカーズとカンザスシティ・チーフスをNFL制覇に導いているマイク・ホルムグレンやアンディ・リードらも、かつては彼のもとで学び、羽ばたいていった。またエドワーズは、1970年代に革命的なパッシングオフェンスを導入したことでも知られるが、ブリガムヤング大の来日は日本のフットボール界においても影響し、多くのチームがこれを採用していったのだった。

「そこから、日本のフットボールもごっつい変わったわね。日本のフットボールが方向づけられた時代やった」と広瀬はそう振り返る。

彼はまた、エドワーズが日本に来るにいたったのも、もとをたどればチャックの来日があったからだと言う。チャックが来ていなくても、だれかしらがアメリカから日本に来て、この国のフットボール界は学びを得ることはあったはずだと、広瀬は確信を持った口調で語る。しかし、チャックが傾けた日本への愛情の大きさを、ほかの者がもたらせていたかまではわからないとした。

「チャックさんが来てなくても、ラベル・エドワーズさんやジャック・カーティスさんとかは来ていたかもしれない。チャックさんやなしに、マイク・ギディングスさんの関係でほかの人が来ていたかもしれない。でも、（チャックのように）そこまで熱心かどうかというと……、『日本にフットボールを教えたったで』言うて帰るだけかもしれないし、そこまで食い込んで、家族的なつきあいをして、日本に住もうかいうくらいまで熱心に見てくれたか……。クリニックをするだけやったかもしれない」

たしかに、チャックでなくともだれかほかのアメリカ人コーチが日本のために教えをほどこしてくれたかもしれない。だが、とも思う。チャックという包容力があって、指導した者たちをほとんど生涯にわたって気にかけるような人物でなければ、同じような発展は望めたのかどうか。たとえば、もはやユタ州立大の来日から半世紀以上もたっているのに、いまだにこの出来事が語り継がれているのは、チャックがその出来事を「単発」で終わらせず、広瀬らをアメリカに受け入れ、それ以外の多くの面で日本のために骨を折ってくれたからではないか。

「まあ、20年くらい遅れているといえば遅れているんでしょうね。ユタ州立大が来ていなければそのチャンスはないわけです。同じような別のチャンスがあったかどうかは、やはり分からないですから」と広瀬は言う。

平成ボウルとパシフィックリムボウルが果たした役割

チャックとユタ州立大の来日は、さまざまな形で日本のフットボールの発展に寄与していった。

その一つは、日本とNCAAの大学チームが連合チームを組んで行われる平成ボウルだ。1990年の第1回大会では、関学大とカリフォルニア大バークレー校の連合チームと、立教大とアリゾナ大の連合チームが西宮球場で対戦している。1992年の第2回までは関東の大学も参加する形だったが、翌年の第3回大会から日本側は関西学生アメリカンフットボール連盟所属校のみの参加となった。第1回大会に出場したカリフォルニア大バークレー校のコーチ陣には、1971年の来日時にはユタ州立大のラインバッカーとしてプレーをし、その後、指導者の道を歩んだケント・ベアがいた。ベアはのちにアリゾナ州立大やスタンフォード大、ノートルダム大、コロラド大といったフットボールの強豪校にもコーチとして在籍するほど実績を積みあげていくこととなるが、日本という存在は、彼のなかで常に大きなものとして残っていた。

そして、平成ボウルの実現も、このケント・ベアの協力なくしては、ありえなかった。朝日放送テレビ（現ABCテレビ）と電気機器メーカー、シャープの協力も大きかった。当時、朝日放送には池田中学で古川の2学年下だったという担当者がいて、当初、その人物は、関学大と京大の連合軍と関東の大学の連合軍で試合をしたいと古川に伝えたが、古川は、それよりもアメリカの大学を連れてくるほうが良いと提案する。そして担当者と古川は、そのイベントの実現のために渡米するわけだが、会いにいったのがカリフォルニア大バークレー校のケント・ベアだった。チャックの口添えなども裏ではあったそうだ。

年号が昭和から変わったばかりだったことからそう名づけられた平成ボウルは、2002年からは「ニューエラボウル」となり、日本側の参加校も上位校のみならず関西学生リーグ加盟校の選手らにも門戸を開いた。また、試合を行うだけでなく、フットボールクリニックの開催などもプログラムには組み込まれ、より充実した国際交流の場となっている。

ニューエラボウルはその使命を終えたということで、2017年を最後に終了したが、関西の学生選手やスタッフにとっては長きにわたって目標とする大会でありつづけた。同時に、一部の日本の選手たちにとってはこのイベントは自身のアメリカとの距離感を知るきっかけとなり、また各校のスタッフらが個々にアメリカのチームや関係者と人脈やネットワークを築く役割も果たしていた。

アメリカは契約社会だなどとよくいわれる。ケント・ベアもこのイベントに参加するにあたって最初こそ契約書を交わしていたそうだが、古川によるとその後は「信頼だけで来てくれていた」という。その信頼は、いうまでもなく1971年にチャックがユタ州立大を遠征させ、その後も日本との交流という「糸」を紡いでいったからできたものだと言ってもよかった。その糸も、チャックの「弟子」であるベアが引き継いで、伊角らとの関係をつないでいったものでもあった。だからこそ、数十年経ってもこうしたイベントが可能となったのだ。

チャックからの「糸」を紡いだことでできた日米の交流は大学単位だけではなかった。1988年。関西高校選抜チームとオレゴン州アッシュランド高校との交流試合「パシフィックリムボウル」が始まった。なぜ、アッシュランド高校だったか。ここまで読んでいただいたかたにはすでに、察しがついているだろう。アッシュランドにはサザンオレゴンがあった。鳥内がコーチ留学をしていた学校だ。

1985年、チャックに率いられたサザンオレゴンは日本遠征を果たし、神戸総合運動公園ユニバーシアード記念競技場で関学大との親善試合を行っている。そしてその翌年、今度は関学大がアシュランドへ行き、サザンオレゴンと対戦した。日本の単独の大学チームとして初めてアメリカ本土で試合をした記念すべきことだった。2024年5月には、関学大がアシュランドへ渡航しサザンオレゴンと4度目の親善試合を行う。この試合は「ミルズ・ボウル」と名が冠されることとなっている。

この両大学の交流が始まった折、当時、関西アメリカンフットボール協会の理事長だった古川と、関西高校連盟理事の崎弘明がアッシュランド高校の練習を見学している。この際に、同高のヘッドコーチだったジム・ネイゲル（のちにサザンオレゴンでもコーチとなる）から彼らに対して日本遠征の打診があり、古川らも快諾。88年に同校が来日し、大阪長居球技場で関西高校選抜チームと試合をすることで、その後、長く続いていくこととなる交流がスタートしたのだった。

1990年には、今度は関西選抜がオレゴンへ遠征した。以降、この交流は2年ごとに互いを行き来する形で行われている。試合はこれまで16度、開催されており、関西選抜は8度、アメリカ遠征をしている。アメリカのチームを日本へ呼ぶのではなく、日本のチームがあちらへいくという提案は関学大ＯＢの鈴木智之がしたのだと、古川は回想する。自身の「本業」であるビールの瓶詰め、缶詰プラントを手がける会社を通じて外国とのやりとりをしている鈴木は、日本の若者が海外との交流で人間的な成長ができるということをつねづね語ってきた。

これは教育を重んじるチャックの考えとも合致していた。当初は関学大のアメリカ遠征が主眼だったはずだが、結果的には高校レベルにまで国際交流の波は広がった。２０２０年から始まった新型コロナウイルスの世界的なまん延により、パシフィックリムボウルは２０１９年大会を最後に実施されず、ある程度落ち着いた２０２３年、神戸市の王子スタジアムにアッシュランド高を迎える形で、再開となった。

日本という国は欧米の先進国などと比べると良くも悪くも閉鎖的な文化を持っていたが、昨今は、急速に国際化、多様化が進み、国際的感覚、視野を持つ人物を輩出することが、この国の国際競争力を保つ一つの鍵となっている。教育の現場においても英語教育の拡充にはじまり、大学では国際関連の学部や科目が増え、力を入れている。そのなかで、関学大は、古川明や武田建らが古くから北米へ留学をし、その流れからユタ州立大の日本遠征につなげ、その後もアメリカンフットボールという競技を通じての国際交流を積極的に行ってきた。換言すれば、スポーツが若い学生たちにとって世界的な視野を持ってもらうのに効果的だと早くから気づいていたのだった。

もちろん、関学大のそうした思いを受け止めてくれるチャックという、やはり教育を重んじるアメリカ人コーチの存在と出会えたことは、同大の関係者たちにとって僥《ぎょう》倖《こう》だった。

日本の大学アメリカンフットボールチームで、これまでアメリカ大陸にわたって試合を行っているのは関学大しかない。同大は、２０１６年にはメキシコへも遠征し、メキシコ国立自治大学と対戦もしている。この競技において、日本フットボール界の国際化の先頭を走っているのは間違いない。

新たな息吹の誕生

チャック・ミルズが日本のフットボール界に及ぼした影響は、学生のそれにとどまらなかった。

2001年1月3日。社会人・Xリーグ所属のアサヒ飲料チャレンジャーズは、東京ドームで行われたライスボウルで法政大学を破って初の日本一の称号を得た。チャレンジャーズの歴史はざっと以下のようなものとなる。

1970年後半に桃山学院大OBによって結成されたシルバータイガースというクラブチームが母体となり、1989年にはアパレル会社のミキハウスのスポンサードを受けた「ミキハウスレッドベアーズ」時代を経て、1993年からは清涼飲料水会社のアサヒ飲料がスポンサーとなり「アサヒ飲料ワイルドジョー」となる。1998年からは「アサヒ飲料チャレンジャーズ」へと名称が変更となった。

チャレンジャーズという名前へと変わったのは、なかなか勝てないチームに改革をほどこし、Xリーグで挑戦者となるという覚悟の現れだった。変わったのは名前だけではなかった。この1998年からチームは元京都大のクオーターバックで、水野彌一監督の下、オフェンスコーディネイターとして京大を1995年シーズンのライスボウル、1996年の甲子園ボウル制覇に貢献した藤田智をヘッドコーチに、さらには同じく京大でディフェンスコーディネイターだった森清之も同職で　引き入れたのだった。

なかなかXリーグの強豪となりきれないチームの変革には、すぐれたリーダーを据えるのが効果的だと考えた鈴木智之の提言に基づいたものだった。元関学大の伝説的クオーターバックだった鈴木は、卒業後も商社マンとしてニューヨークに駐在し、そののち独立して先述した自身の会社「株式会社スズキインターナショナル」を設立するなどの経歴を持ち、国際的な感覚と人脈を豊富に持った人物だ。

鈴木は1971年のユタ州立大遠征の際にもコーディネイター的立場で歴史的イベントの実現に奔走し、これを通じてチャックとも懇意となっていったのだった。ユタ州立大遠征以外でも、関学大とサザンオレゴンの交流の実行委員長も務めている。

アサヒビール株式会社名誉会長でXリーグ・アサヒビールシルバースターのオーナーも務めていた樋口廣太郎は、オーナーを退いたあとは日本アメリカンフットボール協会のコミッショナーとなったが、日本のフットボール界全体を盛り上げたい、そのために群雄割拠の関東と比べて競争がたりていなかった関西の活性化をしたいという意向で、鈴木にチャレンジャーズの強化を請うた。鈴木がビール関係の仕事をしていたところからのつながりだった。それが藤田、森の京大からの「移籍」へとつながったのだ。

しかし、藤田や森ほどのすぐれた人材を京大はなぜチャレンジャーズに「引きわたした」のか。それも鈴木の力によるところが大きい。同大を甲子園ボウルを6度、ライスボウルを4度の優勝に牽引した水野はその昔、鈴木の会社で働いていたことがあり、フットボールに関しても彼に助言をしていたのだ。水野からすればそうした恩義に応える形となったのだ。

チャック・ミルズが最後に指揮を執った米国沿岸警備隊士官学校

鈴木とチャレンジャーズはまた、アメリカからも優秀な人材の獲得に成功する。NFLでのコーチ経験も豊富な、トム・プラットの加入だ。

プラット獲得の経緯は、チャックを通してだった。鈴木は長年の友人であるチャックからプラットを紹介してもらったのだ。プラットはその時点でカンザスシティ・チーフスやニューオリンズ・セインツ、タンパベイ・バッカニアーズといったNFLチームでディフェンスラインコーチ等を務めるなど実績十分な指導者で、チャックとはともにチーフスのスタッフとして第1回スーパーボウルも経験した「戦友」だった。

そのコーチングキャリアのなかでプラットは、バック・ブキャナンやデレク・トーマス（ともに元チーフス）、ウォーレン・サップ（元タンパベイ・バッカニアーズ）といったディフェンスラインマンたちをプロフットボール殿堂入り選手に育て上げた。

プラットは、1997年にはチャックがヘッドコーチと体育局長を務めた米国沿岸警備隊士官学校（コーストガードアカデミー）で、やはりディフェンスラインコーチを担っていた。鈴木からチャックへの相談があったのはその折だった。

余談となるが、チャックが着任してからの米国沿岸警備隊士官学校チームの話は面白い。その字面からも察することができるだろうが、米国沿岸警備隊とはアメリカ連邦政府の法執行機関で、アメリカ軍の6つの軍種の一つだ。同校はそこで働く者を育てる機関である。そのような学校であるだけに、スポーツに関しては知名度が低く、フットボールに関してもNCAAの3部所属となっている。

プラットが1997年に同校でコーチをしたことには触れたが、この年のスタッフには彼以外にも3部校に似つかわしくない顔ぶれがそろった。ジム・ラルーはアリゾナ大学でヘッドコーチを務め、NFLではバッファロー・ビルズとシカゴ・ベアーズでアシスタントを担っていたことがあった。1974年から2年間、チャックの下でも指導をしている。

デイル・ホープはノースカロライナ州立大などいくつかの大学でコーチをし、NFLでは史上最強のディフェンスと呼ばれた1985年のシカゴ・ベアーズのディフェンスラインコーチとしてスーパーボウル制覇を経験している。

チャックは7つもの大学チームでヘッドコーチ職にあったが、これはジョン・ハイズマンを除いて最多だとのことだ。ハイズマンとは、アメリカの大学フットボールの年間最優秀選手賞に名前が冠されたあのハイズマンのことだ。

沿岸警備隊士官学校はチャックにとって最後に指揮を執ったチームとなった。チャックは同校で、1989年から11年間を体育局長として過ごしたが、1997年はヘッドコーチを務めた。しかし沿岸警備隊士官学校が政府系の学校だったこともあって、彼のまわりを固めるコーチ陣の勧誘は容易ではなかった。そして、チャックはプラットら旧知の仲間たちに声をかけ、彼らも快諾したのだった。そして同シーズン。負け越すことのほうが多い同校だが、フリーダム・フットボール・カンファレンス内では6戦全勝で、全体でも9勝2敗をあげ、NCAA3部の全米トーナメント進出という成功を収めた。チャックはほかのチームでと同様、自身では直接的な指導はせず、プラットらコーチ陣を信頼して任せた。

プラットは沿岸警備隊士官学校時代の経験もふまえて、チャックという指揮官について こう話した。

「チャックは自分の考えとやりかたをスタッフに共有しながらも、『このやりかたでやりなさい』ということは絶対になかったし、意見が一方通行にならないように配慮していたよ。我々のようなベテランのコーチたちに対しては自由にやらせてくれたし、我々の仕事の邪魔にならないようにしてくれていたんだ」

プラットたちにとっても、ここまでの上出来なシーズンを送ることができるとは、当初は予想できなかった。NFLやトップレベルの大学で指導をしてきた彼らは、沿岸警備隊士官学校チームの選手たちには体のサイズとスピードが足りているようには思えなかったからだ。

「私はデイル・ホープとディフェンスを担当していたのだけど、我々は互いの顔を見合ってこう言ったものさ。『この面子では1勝をあげることすらできないかもしれない』と。ところが、合宿が始まって他校とのスクリメージが始まると、考えが変わった。私はデイルを見てこう言ったんだ。『もしかしたら我々のチームはひょっとしたらひょっとするかもよ』と。なぜなら選手たちは自分たちの体のサイズ以上のハートの大きさを示してくれたから」プラットは当時をそう振りかえる。

プラットに飛び込んだ〝もう一つ〟の特別な話

そうして、プラットらの長いコーチキャリアのなかでも特別な1年が終わった。が、プラットにはそこからふたたび特別な話が飛び込んできた。それは、先に記した日本行きについてだった。

その話を持ちこんだのは、すでに述べた通り、チャレンジャーズの改革に臨んでいた鈴木だった。チャレンジャーズのコーチになってくれる人物を求めて、鈴木は遠くアメリカまで、チャックのもとまでやってきた。そして、チャックから推薦を受けたのがプラットだった。プラットは鈴木が提示したコンサルタント・コーチの役職をひきうけ、チャレンジャーズに加わることを承諾したのだった。そして、プラットと藤田らを引き入れた改革は日本一という形で成果として成就したのだった。

「それもこれも、チャックのおかげだよ。彼のユタ州立大遠征で築いた日本のフットボール界とのコネクションのおかげさ」とプラットは言う。

プラットの言う日本との間にできた重要なコネクションの一つが鈴木とのものだった。鈴木は自身が突出したクオーターバックであったばかりでなく、会社を経営していたことで養われた組織づくりのための経験が備わっていた。藤田や森、プラットらが卓越したフットボールコーチたちであったことに疑問の余地はないが、弱小だったチャレンジャーズという組織を強いチームにするためには優れたリーダーが必要だと認識し、他チームにいた彼らを招聘するというビジョンと剛腕さがなければこのチームの成功はなかったはずだ。

プラットや藤田らに支払われた年俸はそう大きな額のものではなかった。藤田に対しては「コーチ業に専念して普通の生活ができる程度」が支払われ、プラットについてもチームは彼の「渡航費と滞在費を負担するくらい」だった（プラットは甲子園球場そばの都ホテルの部屋に住んでいた）。それでも彼らがチャレンジャーズに来てくれたのは、チームが彼らを真に必要としているのだという熱意が伝わったからだと、鈴木は回顧している。

プラットというＮＦＬでも実績のある指導者を招聘できたことは、チャレンジャーズにとっても、ひいては日本のフットボール界にとっても意義のあることだった。改革初年度の１９９８年。チャレンジャーズはＸリーグ西地区で初優勝をはたしたが、翌１９９９年。鈴木は同チームのコーチ陣をアメリカへの視察に送り込み、ＮＦＬのマイアミ・ドルフィンズやタンパベイ・バッカニアーズ、マイアミ大学の春季キャンプを見させた。キャンプに入ることができたのは無論、プラットにコネクションがあったからだ。

それによって彼らは指導者として成長し、チャレンジャーズはこの年、西地区連覇を果たしている。そして次の年、チームは社会人の頂点を決する「東京スーパーボウル（現ジャパンXボウル）」で、それまで関西で圧倒的な力を誇ってきた松下電工インパルス（現パナソニックインパルス）を破り、ライスボウルへ進出。前述の通り念願の日本一を達成する。

藤田と森はこののち京大へ戻っているが、プラットも同大に籍を置き、主にディフェンスを担当するアドバイザー的な立場も担っている。藤田は富士通フロンティアーズを、森は鹿島ディアーズ（現胎内ディアーズ）をXリーグとライスボウルの王者に複数回導くほど、さらに「名将」としての立場を確立していった。今日、国内フットボール界において多大な影響力を持つようになり、その力を競技の発展へと還元している。現在、藤田は京大で、森は東京大でヘッドコーチを務める。

NFLやアメリカトップクラスの大学チームで指導をしたプラットは、日本での時間も堪能した。筆者が彼にチャレンジャーズでの経験について聞くと、興奮したように当時を振り返って話していたのは、その証左である。

日本での年月がおわってアメリカに戻ったプラットは、すでに高齢だったこともあってコーチ業からの引退を決めた。そしてゴルフを毎日プレーした。が、2、3週間も経つと、もう飽きてしまった。勝負の世界に何十年も生きてきた彼にとって、〝趣味のスポーツ〟はつまらないものだった。そんな折に、NFLアリゾナ・カーディナルズから電話がかかってきた。相手は当時、ヘッドコーチだったブルース・アリアンズだった。2013年、その時点で77歳だったプラットは、74歳だった名伯楽、トム・ムーアと同67歳だったラリー・ジーアラインら大ベテラン新加入コーチ陣としてアリアンズの誘いに乗った。

なにが言いたいかというと、プラットとはNFLにおいてもかくも有能で著名な指導者として知られていたということだ。そのコーチが、日本のセミプロ的な社会人リーグの弱小チームの指導のために海を超えて来てくれたということの衝撃だ。

チャレンジャーズのこの躍進も、日本がチャックとの結びつきを切らさずに来たことで起きたことだ。もっといえば、チャックとの親交を大切にし、さらに国際感覚の豊かだった鈴木智之の剛腕がなければ、プラットが日本に来ることなど、とうてい起こりえなかった。プラットを招聘したこのチャレンジャーズの改革は、日本のフットボール史を語るなかで欠かせない事象となった。チャックという教育者、人格者の面を持った人と出会えたことと同様に、プラットという「一介のコーチ」以上の人物に巡り会えたことも、日本のフットボール界において幸運なことだった。

第5章

チャック・ミルズが日本のフットボールに与えた影響

全てをつくり出し、発展させたユタ州立大の来日

最後に、チャック・ミルズというフットボールコーチが1971年にユタ州立大を日本へ遠征させたことの衝撃、影響をあらためて考える。

チャックが武田建らと出会ったこと自体がまず、奇跡的なものだったように思える。たしかに、チャックが在日米軍横須賀基地でコーチ講習のために日本へ来たという「とっかかり」はあったかもしれない。だが、そこからユタ州立大をつれてくるというところまで話が進展していったのは、チャックという慣例にしばられない指導者が、武田や古川明ら関西フットボール界の熱心な人物たちと出会うという「化学反応」が起こったからだと言えるのではないだろうか。横須賀での講習後に大阪万博のために来阪し、その際にチャックはまだ会ったことのない武田に面会しようとしていたにも関わらず、万博会場のあまりの人の多さに驚いて、アメリカへ帰ってしまう。だがそのことを気に病んだ彼は帰国後、武田に謝罪の手紙をしたためる。それに対して武田も手紙を返す。ただ返事を書いただけではない。チャックのユタ州立大の来日を求めた

のだ。そして、チャックがホワイトハウスにまで助けを求めるなどの紆余曲折を経て、これが実現する――。

どれか一つのピースが欠けただけでも、このユタ州立大の歴史的日本遠征というパズルは完成していなかった可能性があったのだ。

武田は自身を「そこまで筆まめではない」と評した。言うまでもなく、今のようにEメールなどで簡単に世界中の人たちと文字のやり取りができる時代ではなかった。それでも、チャックの手紙に対してタイプライターを使って返信をしたためたのは、その時点では一つの小さな行動でしかなかったが、歴史的事業の実現するに当たっての最初の大きな一歩となった。

「もしあのとき、私がチャックさんへ返事をしていなかったら。また、チャックさんがその手紙に対して関心を寄せていなかったら……」

当時のことを思い出しながら、武田がこう断言する。

「その後に起こったことは全て起きていなかったわけです」

日本におけるフットボールの起源は、柔道などさまざまな武道に秀でていて、のちに著名なスポーツ指導者としても知られた岡部平太が、1917年（大正6年）からのアメリカ留学中に接したこの競技を自著『世界の運動会』で記したことだとされている。そして1934年には、立教大教授のポール・ラッシュ、同大体育主事のジョージ・マーシャルらが集まり、日本国内でのフットボール競技活動を開始。その後、早稲田大、明治大らの日系2世や日本人学生らも加わって「東京学生アメリカン・フットボール連盟」が結成され、同年11月29日に上記3大学区の学生選抜と横濱カントリー・アンド・アスレティック・クラブ（YCAC、当時の横浜の外人社交クラブ）による国内初の公式試合として明治神宮外苑競技場で開催された（前者が26対0で勝利）。

1936年には全米学生チームが来日し、約1か月の間に東京、大阪、福岡、名古屋で日本の大学チームと12試合を行っている。その翌年には、今度は日本の学生選抜がアメリカ遠征をし、南カリフォルニアの高校選抜と対戦するなどしている。太平洋戦争のために国内のフットボール活動は1942年以降中断したが、終戦直後の1946年、米軍軍政部教官で日系人のピーター岡田が大阪府立の池田中学と豊中中学を訪問し、敗戦により武道などのスポーツが禁じられ元気を失っていた生徒たちにタッチフットボールの指導を始める。このときの生徒のなかにいたのが古川明と徳永義雄で、2人はここからフットボールという競技にのめり込み、やがて関学大隆盛の土台を築いていった。

1964年には日本フットボール30周年事業として日本学生選抜がハワイへ遠征し、ハワイ大などと対戦。1950年代、60年代になると日本のチームと在日米軍との交流試合が増えてくる。1960年代中盤からは日本の全慶応大がハワイ大の2軍と対戦。戦後の単独チームとしては初めて国際試合を行っている。

1971年8月に関学高がハワイへ遠征したのを皮切りに、高校レベルでも海外との交流が始まり、国際化は加速していく。こうした流れを一気に加速させたのが、チャックとユタ州立大の来日だったといえる。技術的、戦術的な面からいえば、ユタ州立大との対戦で、アメリカ人との圧倒的なサイズとパワーの差をまざまざと感じた日本は、これ以降、体格差を埋めるべく独自の戦術開発に着手していくことになる。

また、本書のなかですでに触れているが、ユタ州立大の来日を経て日本協会や関係者らは競技力の向上を目指してさらに積極的な国際交流に本腰を入れ、アメリカの主要校などを継続して招聘。１９７７年までに、チャックが指揮を執ったウェイクフォレスト大やサザンオレゴンのほか、ノースウェスタンカレッジやブリガムヤング大などさまざまなチームが日本の選抜チームと対戦している。

チームを招聘して試合をさせるだけでは競技力の向上につながらないということで、指導者の技量向上のための交流も始まった。１９７６年から１９９３年までＮＣＡＡ公認の米大学東西オールスター戦、ジャパンボウルが開催され、１９８６年大会の際にはアイオワ大学のハイデン・フライ、ルイジアナ州立大のビル・アーンスパーガー、サンノゼ州立大のクロード・ギルバート、イリノイ大のマイク・ホワイト、海軍士官学校のゲイリー・トランキル、テキサス大のフレッド・エイカーズの６人のコーチらによる「日米交歓ＴＯＵＣＨＤＯＷＮ 第1回フットボールクリニック」が行われた。

以降、日米のコーチングにおける交流も盛んになっていった。今日、指導者の「知識」という点では日本のトップクラスのコーチたちのそれはアメリカとは大差がなくなってきているという。それも、過去に国際交流を積極的に図った時期を経たからこその成果といえるだろう。

フットボールの人気も、1970年代から急速に高まった。先述のジャパンボウル以外にも、パイオニアボウル（1976年開催。グランブリング州立大対モーガン州立大）やミラージュボウル（1977年から1993年まで開催。1986年からはスポンサーの変更でコカ・コーラボウルへと改称）といった単独の大学チーム同士（しかもメジャーカレッジも多く、豪勢なカードばかりだった）のNCAA公式戦も、国立競技場や横浜スタジアム、東京ドームで行われた。

1989年からのアイビーボウルでは日本の学生選抜がおもにアイビーリーグの選抜軍と試合を開催。日本としては12年ぶりにアメリカのチームを迎え撃つ戦いとなったが、これは1996年まで続いた。興行的にも大きな成功を収め、日本国内でフットボールの地位と認知度が高まったのは、1970年代から80年代だった。1974年には国立競技場と西宮球場で東西の社会人選抜チームと在日米軍チームが戦っているが、このときは1964年東京オリンピックで陸上男子100メートル走の金メダリストで、NFLダラス・カウボーイズ等でワイドレシーバーとして活躍したボブ・

ヘイズがプレーをし、多くの観客を集めると同時に、社会的関心も喚起した。

第1回、第2回のジャパンボウルでは国立競技場にそれぞれ6万8000人、5万8000人もの観衆を記録している。1974年には国内でNFLの定期テレビ放送が始まり、こうしたアメリカのチームが来日して試合を行ったことなどの影響もあって「アメリカンフットボールブーム」が到来した。

こういった日本でのフットボールの急速な発展と人気拡大の「起源」は、繰り返しにはなるが、1971年のユタ州立大来日にあった。この年、日本の東西選抜は同大に大敗を喫し「このままではいけない」と開眼。広瀬らによるコーチ留学も含めて、競技力の発展へ積極的に取り組んでいったのだった。

魅力に富んだ人物の下には優れた人材が集まる

チャックのユタ州立大が日本に来たことを皮切りに、日本フットボールが急速に近代化したことについては、すでに書いた。そのなかでチャックの「薫陶《くんとう》を受けた」者たちが、国内ばかりにではなく海の外――つまりはアメリカ――にも広く目を向けるようになった。

チャックを頼ってアメリカへコーチ留学をした広瀬や伊角、鳥内らはチャックの「息子たち」だったが、間接的には日本がチャックと「出会った」ことでグローバルな視野でフットボールに関わることになった日本人関係者は少なくない。たとえば、アサヒ飲料チャレンジャーズの日本一メンバーだったラインバッカーの山田晋三などは、チャックとつきあいの深かった鈴木智之がアサヒ飲料チャレンジャーズのスペシャルアドバイザーだった際に大きく影響を受け、今日の位置にいる。アサヒ飲料時代は会社員として活動をしていた山田だったが、鈴木の言動や哲学などを知っていくなかで、選手としてはNFLに挑戦すべくNFLヨーロッパや北米プロフットボールリーグのXFLでプレーをし、日本人で結成された「侍ウォリアーズ」の一員としてアリーナフットボールリーグにも挑戦した。

山田は、自身がXFLに行けたのは鈴木とトム・プラットの人脈のおかげだと話している。

また選手引退後は、U19やシニアの日本代表コーチ、Xリーグ、IBMビッグブルーの指揮官等を務め、さらには日本の大学スポーツ改革を目指して筑波大学体育スポーツ局で副アスレティックディレクターとなるなど、フットボールのフィールドでもそれ以外でもグローバルな場所と立場で仕事をしてきた。

鳥内のあとをついで2020年シーズンから関学大の監督となった大村和輝は2003年、ハワイに在住していたチャックの力添えもあってハワイ大で1年、コーチ留学をしていたのだが、この時に寮でルームメートだったのがケビン・ジャクソンだった。ジャクソンはディフェンシブラインマンとして、NFLグリーンベイ・パッカーズのキャンプに参加するなどの実力者だったが、NFL入りには届かなかった。そこで日本でのプレーを提案したのが大村だった。その言葉に従ったジャクソンは2005年からオービック・シーガルズに所属し、同年いきなりシーズンMVPに選ばれ、チームのライスボウル制覇に貢献。この年から10年連続でオールXリーグに選出され、引退までの14年間でチームは5度のライスボウル王者となった。ジャクソンを日本社会人リーグでプレーした外国人としては史上最高の選手だと評する声も多い。

こうした山田やジャクソンの例は、結果論ではないかと言われるかもしれない。だが、人間としての魅力に富んだ人物のところには、同様に優れた人間が集まってくるものだ。チャックというフットボール指導者としても人としても魅力のあった人の下には鈴木のようなやはり魅力のある人たちが集まり、その魅力に魅せられた山田のような者たちが影響を受け、そして彼らが今度は自分たちよりも若い者たちにたいしてインスピレーションを与えるのだ。

日本で広がるアメリカ人コーチたちのネットワーク

本書は日本のフットボール界におよぼしたチャック・ミルズの功績の大きさが主題となっているが、彼がこの国との関わりを持つようになり、熱意でユタ州立大の来日を実現させた武田建と古川明のそれもまた、欠かすことのできないものだ。

武田は１９４４年に入学した関学中学部でフットボールを始め、同高等部、同大までクオーターバックとして活躍し、甲子園ボウルは二度制覇している。１９６６年から の10年間は関学大の監督として甲子園ボウルで７度の優勝に輝いた。その後には同高等部の監督も務め、学者としては社会学部教授としてカウンセリング、社会福祉、臨床倫理学などの研究に務めながら、理事長、学長も担っている。関学大と関西福祉科学大学で名誉教授も担っている。

武田は1956年から社会福祉の勉強のためにカナダのトロント大学へ留学をしており、その後、アメリカのミシガン州立大学大学院カウンセリング心理博士課程で博士号を取得した。帰国後も研究員等としてアメリカに滞在するなど、太平洋上を往来した。その合間に武田は、本場のアメリカにいることを生かして大学フットボールの試合を見るなどしながら、知識を蓄えた。無論それは、母校の関学大チームへ還元したいという思いがあったからだ。

そのなかで武田は、アメリカの著名なコーチたちと知己を得ていくが、チャック以外でもっとも重要な出会いはジャック・カーティスとマイク・ギディングスとのものだろう。ユタ大やスタンフォード大、カリフォルニア大サンタバーバラ校などの指揮官だったカーティスは、パス中心のオフェンスで、全米で有名だった人だ。武田はカーティスの書いたパスゲームについての著書を「虎の巻」と呼ぶほどだったが、彼が日本ではいち早く先進的なパスオフェンスを取り入れるにいたったのは、カーティスからの影響が大きい。

武田はギディングスとも密接な関係を築いた。先にも記したが、武田がギディングスと知り合ったのは１９６７年。当時、ユタ大のヘッドコーチだったギディングスは日本人指導者も受講者とした参加した厚木での指導者講習会で来日していた。武田はここで通訳として関わるなかでギディングスと親しくなるのである。ギディングスはのちにＮＦＬサンフランシスコ・フォーティーナイナーズでアシスタントコーチとなるが、このときに彼は在米中だった武田をシーズン前のトレーニングキャンプに招き、惜しみなくＮＦＬで行われていることを見せている。

ギディングスは１９７６年、選手を評価する眼を見込まれてデンバー・ブロンコスでＮＦＬ初の「プロパーソネル」の役職に就いている。これは、これからプロに入ってくる大学の選手たちではなく、すでにプロにいる選手たちの評価をする仕事だった。そして１９７７年には、その流れで〝プロスカウト（Pro Scout, Inc.）〟というプロ球団に選手評価を提供する会社を設立した。晩年は会社の経営を息子のマイクに任せたが、現代ではすでに当たり前のように使われる「シャットダウンコーナー」や「エッジラッシャー」「オフボールラインバッカー」といった各ポジションの選手の特性をさらに細分化した呼称を考案したのもギディングスだったと言われる。

2022年の夏ごろ、本書のためにギディングスに簡単な取材をした際、彼は「実はまだ選手の評価は続けているんだよ」と話していた。

「いわゆるコーチ用の映像を見ながらそうしている。〝空からの目〟は嘘をつかないね」

〝空からの目〟とはフィールドを俯瞰で映し、より選手たちの動きなどがわかりやすい映像を指しているものだ。Eメールでのやりとりではあったが、ギディングスはきっと笑みをたたえながらこの文を打っていたのではないだろうか。コーチ業を退いてからは表舞台に立つことは少なかったものの、近年では彼をプロフットボール殿堂の候補にすべきではないかという声も出ている。

武田はこうしたアメリカの著名なコーチたちと知り合っただけでなく、彼らを関学大のグラウンドや西宮球場へ連れていって、日本の選手やコーチたちに指導をしてもらってもいる。

カーティスは武田を「自分の日本の息子」と呼んでいたそうだが、その「息子」はカーティスを通して当時ピッツバーグ大のジョニー・メイジャーズ、ジョージア大のビンス・ドゥーリー、オクラホマ大のバリー・スイッツァー（のちにＮＦＬダラス・カウボーイズにも属し大学全米一とスーパーボウル制覇を果たした数少ないヘッドコーチの一人となった）、ブリガムヤング大のラベル・エドワーズといった、アメリカでその名を轟かせていたヘッドコーチたちとも親交を深めていった。

横須賀でのコーチ講習会の時点で武田とチャックに面識はなかった。が、チャックが日本に行ったら武田に会うべきだとのすすめを受けたからこそ二人はやがて知り合い、そこから１９７１年のユタ州立大の日本遠征へと話がつながっていったのだ。

ユタ州立大遠征後にアメリカへコーチ留学した広瀬、伊角、鳥内を「チャック・チルドレン」と表現した。だが、ほかにも本場の指導法を求めて海を渡った日本人指導者はいる。元関学大クオーターバックで現在同大のディレクターを務める小野宏は、同大コーチ時代に武田がエドワーズに頼んだことで、アメリカでパス攻撃の勉強をすることができたし、鳥内のあとをついで監督となった大村和輝もチャックの紹介でハワイ大で学ぶことができた。

「それがなかったら、関学は今、ただのチームだったと思います」と武田が静かに言う。

「それ」とは広瀬に始まった者たちの本場、アメリカへの指導者修業のことを指している。チャックやその他の日本のフットボールに携わったアメリカ人コーチたちからの「ツリー」は、この国でも確実にその枝を伸ばしていったし、これからも伸びていくのであろう。

学生フットボール界発展の最大の功労者

武田の1学年年長ではあるが、彼の長年の盟友、古川明は、事務方や広報として日本の学生フットボールの発展に他者が比肩できないほどの情熱で人生をささげてきた。

終戦直後、旧制池田中学の生徒だった古川は、ピーター岡田ら米軍の関係者たちからタッチフットボールの手ほどきを受け、そこからフットボールに熱中する人生を歩んできた彼の功績は、とりわけ関西のフットボール関係者の間では有名だ。関学大ではオフェンスラインのガードとして1年生から4年連続で甲子園ボウルに出場し、最初の二度の出場時に優勝をしている。

フットボールに人生をささげた、と書いたが、実は関学大在学中、古川は法学部へ編入し、弁護士になることを目指した時期があった。だが1954年、あこがれだったアメリカのデンバー大学（コロラド州）へ留学し（渡航の段階では中西部のミネソタ大学への入学許可を得ていたが、バスで途中下車をしたデンバーでそのまま いついてしまったという今では考えられないような形だった）、広告学を学ぶとともに、武田同様、本場のフットボールを肌で感じる時間をすごした。

「それが一生の分かれ目でしたね」

弁護士になることよりもアメリカ行きをとったことを、古川はそう振り返る。

帰国後は指導者、審判員として関西アメリカンフットボール連盟での活動を始めた古川は、同時に、米ＮＣＡＡとの窓口として技術交流や公式規則の適用を推進した。同時期に神戸のエベレット汽船に就職し、副支配人にまで出世をしながら38歳のときに退社し、関西連盟の専務理事となった。「専務理事という職位は私が勝手につくった」と古川は笑ったが、組織の運営をだれかがしなければ競技が発展していかないという思いからの決断だった。

古川自身が関学大でプレーしていた頃は、関西でもリーグ戦に参加していたのはわずか4大学でしかなかった。それが、古川がアメリカ留学から戻ってきた1950年代なかばあたりからは徐々に数が増えはじめていた。

しかし、数が増えるということは、そのぶん運営がしっかりしていなければ立ちいかなくなるし、リーグの拡大は競技力の向上、発展のことを考えても統括する連盟が堅牢である必要があった。その中心的役割を担ったのが、古川だった。

チャックとユタ州立大の日本への遠征に関しては、日本側でとっかかりをつくったのは武田建だったが、話がまわりだしてこの一大事業という「機関車」を実現にむけて走らせたのは古川だったといっていい。

武田はユタ州立大の来日事業に関して、このように話している。

「古川さんにはこれに関して全部、やってくださったんです。私はただ、チャックさんと手紙のやりとりをしただけで、日本側のいろんなこまかいこと、グラウンドの確保だとか日本チームの選抜だとか、すべてを古川さんがやってくださいました」

甲子園ボウルで記念撮影をする（左から）古川明、伊角富三、チャック・ミルズ、鳥内秀晃、ケント・ベア。ユタ州立大の日本遠征から彼らによる日米交流は盛んになっていった

古川はまた、利他の心のある稀有な人物だった。これはおそらく彼という人物が持つ天性のものだったのではないかと思われる。それがあったために古川は、自身の母校である関学大だけが、あるいは出身の関西の連盟やリーグだけが良ければいいという考えはなかった。なによりも大切に思ったのはフットボールの発展、繁栄だった。それがゆえ、関東をはじめとする全国の他地域のフットボール連盟とも懇意にしていた。

ユタ州立大の日本遠征も、関学の関係者である武田が発端となりそこに自身が支えとして加わったのだから、関西だけの事業にしても不思議ではなかった。だが、古川はそうは考えなかった。日本のフットボールの発展のためには、これを「独り占め」にしてはいけないと感じ、関東の協会にも迷わず声をかけた。半世紀以上も前に、NCAA1部所属の大学チームを日本に連れてきて東西で試合を行うという前例のない事業を成立、成功させるというハードルは、今よりはるかに高かったに違いない。

終生を賭して関西での、そして日本でのフットボール競技の繁栄に尽くしてきた古川が関係者らにつねづね言い続けていたことがある。それは「良いグラウンド、良い審判、そしてマスコミを大切にすること」だった。

選手、チームにいいパフォーマンスをしてもらう、ひいては見る者に良いものを提供するにはより上質のフィールドと試合運営を預かる審判が必要で、そしてそれを世の中に広めていくためにはメディアの力が欠かせないのだと、古川は考えていたのだ。

デンバー大学での留学の際に広告学という学問を専攻していたことが、古川が「マスコミを大切にすること」と考えていたこととつながる。1950年代といえば終戦からまだそれほど時間が経っていない頃で、日本国内の大学でそのような学問があろうはずもない、そんな頃だった。そんな、先進的かつ合理的な考え方を持っていた古川が関西連盟の専務理事を務め、関東側とも話をできたことが、ユタ州立大の来日事業の成功の陰にあったと言っても過言ではあるまい。

ちなみに、このような大事業を催すにあたって最大の難関の一つが「金策」だろう。ユタ州立大一行のアメリカと日本の往来の航空機代は同大側がもってくれたが、それ以外の宿泊費や食事代は全て東西の連盟が負担した。

この財政的な負担について、関西側では古川と徳永らが、関東では鳥取譲治が東奔西走した。こうした事業はえてして将来への投資だとかなんだとかという理由で赤字に終わることが多い。だが古川は、ユタ州立大の遠征では日本側は「計80万円の黒字だった」と打ち明けた。

ほかにも多くの関係者がこの事業に関わったことだろうが、その先頭に立って舵を取った古川の手腕があってこそのものだった。

監督として京都大を甲子園ボウル6度、ライスボウルを4度、優勝に導き1980年代から90年代の学生フットボールの盛り上がりに寄与した水野弥一は、古川を「日本の学生フットボール界最大の功労者」だと述べている。古川の尽力を知っているのならば、そこに異論を挟む者は皆無と言っていいはずだ。

ユタ州立大を日本に呼ぶにあたって、おそらくはそうとうな苦労を重ねたうえその日を迎えたことだろう。当時を改めて回想しながら、古川はこう話した。

「やっぱり嬉しかったですね。ほんとうに。やっとアメリカの大学が来てくれた。これはものすごいエポックなことです。いまでもすごかったと思いますね。チャックさんがよく来てくれた。チャックさんは約束を守る人ですね」

ユタ州立大後にアメリカへ留学した広瀬や伊角、鳥内らが「チャックの子供たち」だとしたら、フットボールを通じての日米の絆を深めようと努めた武田や古川は「チャックの同志」と呼べるだろう。

日本人の規律を気に入ったチャック・ミルズ

チャックという人について、ユタ州立大の遠征を契機とした日本とのかかわりについて記してきたが、彼のフットボール指導者としての足跡を追えば追うほどその魅力が発見され、ごまんといるこの競技のコーチたちのなかでも稀有な人だったことがわかる。

ここまでですでに書いているように、チャックはフットボールを教えるコーチなのではなく、フットボールという究極の団体スポーツを通して人間教育をする人だった。勝ち負けはもちろん重視していたが、そのために選手たちが人間として成長するという過程をおろそかにしてまで勝利を求めてはいなかったと思われる。

1962年からの2年間、チャックはNCAA2部相当のインディアナステートカレッジ（現インディアナ大学ペンシルベニア校）でヘッドコーチを務めた。当時、チームに選手として在籍していたアル・マッカールは、チャックが就任してすぐの春の練習で前年までの主力選手をカットしていったと語っている。前年までの映像等を見たチャックが、より良いチームをつくるために専心できない者は必要がないという判断をしたからだ。

「彼は（残った）35から38人という少ないチームを信じた。彼らには選手としての自覚と100パーセントの努力を払う意思をもち、よく指導に従い、チーム内でのいさかいなく、チームファーストのアプローチでルールに従って、個人の栄光を求めず、学業でも成功する意識をもってほしい、と語りかけた」

マッカールはそう回顧し、前年まで負け越しの多かったチームはチャックが同校の指揮を執るようになってから2シーズン連続で勝ち越しを果たすようになったと述べている。驚くべきことに、マッカールにとってそれ以上に印象にのこっているのが、彼を含めた選手たちはわずか2年しか同校に籍を置かなかったチャックと、その後も連絡をとりつづけたことだ。彼らにとって、チャックはフットボールを指導したコーチにとどまらない、人生の指針を示してくれる師のような存在だった。

1999年、マッカールをふくめた当時の選手たちは40年近くも前に指導をしていたチャックを同校に招待し、彼の栄誉を称えるイベントを催している。2023年9月には、同校の練習フィールドのゴールポスト付近にチャックの遺灰の一部がまかれた。チャックをこのように特別な存在としているのは、インディアナステートカレッジの当時の選手たちだけではないことは、チャックが亡くなったときに行われたオンラインでの「偲ぶ会」(2021年3月)に私が参加したときにも強く感じられた。この会では、チャックがコーチを務めたあらゆるチームの元選手たちがエピソードを交えながら彼がいかに人間教育にすぐれ、いつまでもついていきたいと思わせる類いまれな人であったかを語った。

〝Brothers and Kuzins〟については先に触れているが、チャックを慕うこの1000人以上ともされるグループがあることもやはり彼という人がどれだけ他のフットボールコーチたちとは違っていたかを物語っている。チャックを知る日本のフットボール関係者たちにとっても、その存在はあまりに大きい。繰り返しになるが、1971

年にユタ州立大が遠征してきたことは、日本のフットボール界にとって近代化への道を明確に示してくれる歴史的な出来事となった。そして、この「歴史的イベント」以降もチャックは、ウェイクフォレストやサザンオレゴンと自身が指揮を執るチームを日本に連れてきてくれたし、広瀬や伊角、鳥内をアメリカに受け入れるなど、もともとなんの縁もなく、彼いわく「第二次世界大戦と真珠湾くらいでしか知らなかった（冗談半分、本気半分といったところだろうが）」という日本を温かい眼差しで見守り続けた。

１９９５年に妻のバーバラが他界し、２０００年にチャックはハワイへ移住をしている。これはハワイがアメリカ本土と日本の間にあるからというのが理由だった。そして、チャック・ミルズ杯を受賞者に授与するために甲子園ボウルに来場するなど、日本をしばしば訪れた。

チャックと親交の深かった鈴木智之は、チャックが日本のフットボールにもたらした最大の教えが「規律」や「教練」といった意味の「discipline（ディシプリン）」だと語っていた。チャックがユタ州立大を連れてきた当初の日本は、技術的にはアメリカからそうとう遅れをとってはいたが、チームのために自らを犠牲にして貢献する、指導者等の教えをよく守るという点においてはおそらく負けていなかっただろう。そうした日本の良さを、チャックも気に入り、だからこそ交流は長きに渡って続いてきたのではないか。

チャックが近代における日本のフットボールの父の一人と評されることについては、何度も触れてきた。だがそれは、競技においてだけでの話にとどまらない。チャックは人間的な部分でも「父親」的存在だった。彼が若いころは、あるいは「兄貴分」だったかもしれない。

伊角や鳥内などはチャックをアメリカの父親だとし、関学大の監督を務めるにあたっても、自分たちのコーチ陣に細部は任せながら自分はどっしりとかまえて全体を見るというところを見習った。

〝Brothers and Kuzins〟を束ねるフィル・オルセンは、チャックができるだけ多くの選手に試合で出場時間を与えてあげたいのになかなかそれがうまくできないと悩んでいたと話す。

「コーチ・チャックは自分の選手たちの才能を見出しきれていなかったのではないか、

彼らに出場時間を与えるためにもっとなにかができたのではないかと苦悩していた」

チャックという人の一番の特徴は、そういったところではなかったかと思う。愛犬をつれながら少しフィールドから離れたところで葉巻をくゆらせながらチームが練習にとりくんでいたと、広瀬は自身のコーチ留学時のことを回想した。私の手元にはそんなチャックの姿を残した写真がある。もしチャックがどんなフットボールコーチかを表す1枚のポスターをつくるとすれば、それこそが適しているのではないか。

彼の指導を受けた選手や知人たちが、なかば口を揃えるように話すのは、チャックは人間が好きだった、ということである。フットボールという競技を、人間を教育するためのものとして関わっていたはずだし、だからこそキャリアの大半をプロではなく高校や大学のチームの指導者として送ったのだ。

そこに関連して、プラットがこんな興味深い話をしてくれた。チャックとトム・プラットがカンザスシティ・チーフスに所属していたときのことだ。当時のヘッドコーチだったハンク・ストラムは選手たちを管理するような意図で、彼らがロッカールームでチームのやりかたなどについてどのように話しているかを探らせる役割をチャックに与えたという。ところがチャックはそんな「スパイ」のような仕事を良しとせず、選手たちの味方であることに徹したというのだ。しかし、ヘッドコーチの要望を聞き入れなかったことがチャックのチームでの立場を悪くするといったことはなく、彼はむしろコーチ陣とも、そして、もちろん選手たちとも良い関係を築くことができていたと、プラットはチャックに対しての感心を込めて振り返った。

「コーチ陣と選手たちの関係がうまくいかないチームは機能しないし、全員が一つになっていないと勝てない。チャックはコーチ陣と選手たちとの橋渡しの役割をとてもうまくやっていたし、チームの雰囲気づくりにもおおいに貢献していたんだ」

チャックは、人を育てるためには上から「これをやれ、あれをやれ」と指示してそれに従わせるだけでは育たないということをよく知っていた。人は自身で考えてこそ、成長できると信じていた。だからこそ、自ら直接的に指導をするよりも、アシスタントのコーチたちにそれを任せるやりかたをしていた。そうすることで彼らコーチたちも意気に感じつつ、責任感をもって指導に当たるようになっていたはずだ。そして、そういったフィロソフィーは、指導される側の選手たちにも浸透し、自分たちで能動的に動き、物事を考えるようになっていったにちがいない。

チャックの指導は、ときに――または往々にして――哲学的でもあり、それが彼の下でプレーをした選手たちや、コーチやスタッフらに対して、目の前の勝ち負けだけでない、大局的な物事の見方も教えてくれたのではないか。

鳥内秀晃がしてくれたこんな話が、そんなチャックの哲学の一端を示しているように感じる。関学大の鳥内は、ライバルである京大や日大に勝てない時期に彼らに対して「にくたらしい」気持ちがあり、それが彼らを倒す心の淵源《えんげん》となっていた。だが、そのことをチャックに伝えると「ちゃうちゃう」と、たしなめられたという。

「あいつらがおるからお前ら強なれんねや、とね。そういう相手がおるならリスペクトせな、と。(元京大監督の)水野さんに(自分が監督業を)終わってから聞いた話やけど、彼らも『親のかたきを討つつもりでやらんと勝たれへんねん』と言うてはったらしいからな。日大もそんな感じやろ。でも(チャックは)『相手が強いから自分らもっと強くしてくれんねん。それでええねん』と。そらそうやなと」

この「自分たちだけが良ければいいのではない」といった考え方は、古川明自身が出身の関学大だけでなく、ひろく関西や日本のフットボール全体の底上げがあってこその競技の発展があるという考えで連盟等の運営をしてきたのと似ている。

なんども記してきたが、チャックはある意味で、フットボールコーチという枠組みを超えた「教育者」だった。多くの選手がいてポジションごとに役割があり、そこに規律がなければチームとしての体《てい》をなさない――。こうした競技での指導を通して、競技生活後の人生にも末永く生きる術へと誘う「先生」だった。日本のフットボール界もそこに携わる多くの関係者たちも、チャックが来たことで太い指針を得た。チャックがこの世の人でなくなった今も、彼の薫陶を受けてきた教え子たちが彼の哲学を広めているのである。

おわりに

フットボールを人間教育の手段とし、多くの人生に影響を与えた

チャックさんの名前は当然のこと、彼が日本の近代フットボールの父と呼ばれる人物であり「チャック・ミルズ杯」という年間の大学最優秀選手賞があることは知っていた。が、自分が競技経験者ではないこともあって、本書の執筆に取りくむまで彼のしてきたことや日本への貢献を詳細にまでわたって把握していたとは言えなかった。

しかし、チャックさんや当時、関学大チームの監督を務めていた武田建先生など、この国のフットボールの発展に関わってきた熱心な有志たちの出会いから、なかば奇跡的に実現したこのユタ州立大来日と、これを契機として日本のフットボール界が開国していったことなどを知っていくうちに、私の関心も一気に高まっていった。

2018年にチャックさんの日本フットボール殿堂入りが決まって、ライスボウル

第70回記念大会となった2015年の甲子園ボウルで来日したチャック・ミルズ。この際に著者がユタ州立大日本遠征についての取材をしたことが本著執筆の契機となった

における顕彰者の表彰のために彼はハワイから来日したが、そのときのチャックさんの体調は芳しくなく、主治医にかかっていたという。しかし、もし主治医に日本行きのことを伝えれば止められただろうから言わずに来日したというのだ。このことは伊角さんから聞かされた。ただ、伊角さんも来日前の段階ではこのことを知らず、チャックさんを送るために一緒にハワイへ戻ったときに彼からそう知らされたそうだ。

いずれにしても、チャックさんは自身の健康を顧みずに日本行きをとった。1971年のユタ州立大の遠征以来、「チャック・ミルズ杯」を創設するなどさまざまな形で日本のフットボール界のことを考えてくれていた人だったが、さいごまで日本は彼にとって大切な国であったことを物語る話だ。

そして、2021年初頭にチャックさんが亡くなり、同年、新聞社を辞めた私のなかでチャックさんの日本フットボール界への功績は記録されるべきではないか、そしてそれを書いてみたいという気持ちが膨らんでいったのである。そこで以前にも本の出版でお世話になってきたベースボール・マガジン社の編集者、冨久田秀夫さんにその旨を伝えると、快く受け入れてもらい、取材が始まった。

あらためて、本書はチャック・ミルズというフットボールコーチが、1971年のユタ州立大の日本遠征を契機としてどれほどこの国の競技の発展に寄与してきたかが主題となっている。しかし、彼がただフットボールの指導者としてだけでなく、その人間的魅力で日米の数えきれない者たちの人生に影響を与えてきたか、フットボールを人間教育の手段としていたかも、読んでいただいた方々にはわかっていただけただろう。

ただし、私がチャックさんとの面識を得たのが彼の晩年だったことや、資料等が数多く残っているわけでないなどの事情で、執筆がかならずしも容易に運んだわけではなかった。

そんななか、取材のなかで鳥内秀晃さんが口にした言葉に支えられたところがあった。ユタ州立大の来日を含め、この本で紹介したような出来事の数々をいまの大学生選手らなどは知らないでしょうね、と私が水を向けると、彼は例の「鳥内節」でこう返してきたのである。

「知らんやろな。うち（関学大）は言うてるで。これだけの、80年の歴史があるなかでのおまえらやで、知らんとかっこ悪いで、とね。知れば知るほど、パワーもらえんねん。だからそういうの言わなあかん」

もともと、チャックさんと彼のユタ州立大の来日の実現というなかば奇跡的な話を、厚かましくも後世に残したいという使命感のような気持ちから始まった本書の話だったが、執筆に苦戦するなかで、鳥内氏のこの言葉に勇気をもらった。

一方で、執筆の最中の2023年7月30日に古川明さんが亡くなられてしまった。古川氏が日本アメリカンフットボール史の「生き字引」のようなかたであることは多くの関係者が知るところだが、私も本書の取材にあたってさまざまなことを教えていただいたし、さらにいえば、彼がいなければ本書の企画自体がなりたっていなかったとすら思う。また、古川さんがお亡くなりになられる数日まえには、チャックさんと同じように日本へ来て関学大を中心に本場・アメリカの知見を1960年代からもたらしてくれたマイク・ギディングスさんもまた他界された。彼にも取材でお世話になった。

本書が形となる前にお二人が天国へいかれてしまったことは、痛恨の極みである。

お二人以外の方々にも取材等で多大な協力をいただきながら、出版まで時間がかかってしまったことについて、ただただ頭を下げるしかない。

本書の執筆にあたって、何十人もの方々に話を聞かせていただいた。とりわけ、年配の方々には体調の面もあったのに長時間にわたる取材におつきあいいただきながら貴重な話の数々を頂戴し、感謝したい。

また、本書に登場する鈴木智之氏のご子息でスポーツマネジメント会社・株式会社エス・イー・エスの代表取締役の鈴木康蔵氏、関西学生アメリカンフットボール連盟の廣田光昭氏には取材のコーディネートで特段のご協力を賜った。謹んで御礼をもうしあげたい。

2023年12月吉日

永塚 和志

参考文献

＜書籍＞

『限りなき前進　日本アメリカンフットボール五十年史』
（日本アメリカンフットボール協会、昭和1984年9月1日刊）

『勝利者　一流主義が人を育てる　勝つためのマネジメント』
（鈴木智之著、株式会社アカリFCB・万来舎、2002年3月12日刊）

『岡部平太小伝　日本で最初のアメリカンフットボール紹介者―附改訂関西アメリカンフットボール史―』
（川口仁著、関西アメリカンフットボール協会 フットボール史研究会、2004年8月21日刊、株式会社かんぽう発売）

『関学アメリカンフットボールと私』
（第40回 関西学院史研究会 レジュメ、2014年6月12日付、http://www.kgfighters-ob.com/wp/wp-content/uploads/2015/04/b976fca85657c239d78ef6bfddd773a8.pdf）

＜雑誌＞

『タッチダウン』1971年秋号
『タッチダウン』1972年冬号

＜新聞＞

朝日新聞　1971年12月20日付　スポーツ面
朝日新聞　1971年12月26日付　スポーツ面
朝日新聞　1971年12月27日付　スポーツ面
毎日新聞　1971年12月27日付　スポーツ面
サンケイスポーツ　1971年12月20日付
スポーツニッポン　1971年12月20日付
東京中日スポーツ　1971年12月11日付
ジャパンタイムズ　2016年1月20日付　スポーツ面

＜ウェブサイト記事＞

『「弱い。だから挑むんだ」東大アメフト部 大学日本一への挑戦』
（ESSENTIAL FORCE、2022年　https://essentialforce.co.jp/labo/story-tokyo-univ/）

ESPN電子版「Did Richard Nixon call a key Redskins play?」
（2012年9月13日、https://www.espn.com/blog/playbook/fandom/post/_/id/9424/presidential-orders）

ユタ州立大学HP
（https://www.usu.edu/about/history/）

「The Day」紙電子版「Coast Guard coach, athletic director Chuck Mills left a legacy of wisdom, laughter」
（2021年1月23日付記事、https://www.theday.com/local-colleges/20210123/coast-guard-coach-athletic-director-chuck-mills-left-a-legacy-of-wisdom-laughter/）

『Memorial Service for Coach Chuck Mills』
（動画、2021年3月6日、https://www.facebook.com/virtualmemorialgatherings/videos/memorial-service-for-coach-chuck-mills/534513344186684/?locale=hi_IN）

『The New York Times』紙電子版「All the Wisdom a Team Can Handle」
（1997年10月23日付、https://www.nytimes.com/1997/10/23/sports/football-all-the-wisdom-a-team-can-handle.html）

『日本アメリカンフットボール　89年の活動の記録』
（公益社団法人 日本アメリカンフットボール協会）

＜論文等＞

『日本におけるアメリカンフットボールの戦術に関する史的研究―T攻撃戦術の導入による戦術思考の変遷に着目して』
（塚田直彦、日本体育大学、2005年）

著者
プロフィール

永塚 和志

ながつか・かずし

1975年1月1日生まれ、北海道札幌市出身。出版社等に勤務後、英字紙「ジャパンタイムズ」のスポーツ記者として従事し、2021年からフリーランスのスポーツライターへ転身。ときに英語を駆使し、プロ野球やバスケットボールなどの団体競技から陸上や競泳といった個人競技まで幅広く取材。主要な大会では、プロ野球・日本シリーズやワールド・ベースボール・クラシック（WBC）、FIBA バスケットボール・ワールドカップ、NFLスーパーボウル等の取材経験がある。「メジャーで勝つ—日本人ピッチャーの心技体」（長谷川滋利著）、「ウイニングメンタリティー　コーチングとは信じること」（トム・ホーバス著）、「日々、努力。」（篠山竜青著、以上小社刊）の取材・構成も担当している。

CREDITS

特別協力　関西学生アメリカンフットボール連盟
関東学生アメリカンフットボール連盟
株式会社エス・イー・エス

編集協力　石田 英恒、中谷 希帆、浅岡 弦

デザイン　黄川田 洋志、井上 菜奈美

写　真　Phil Olsen
関西学生アメリカンフットボール連盟
広瀬 慶次郎
永塚 和志

構　成　冨久田 秀夫

“近代《きんだい》フットボール”の父《ちち》
チャック・ミルズが紡《つむ》いだ糸《いと》

2023年12月28日　第1版第1刷発行

著　者　永塚《ながつか》 和志《かずし》
発行人　池田 哲雄
発行所　株式会社ベースボール・マガジン社
〒103-8482 東京都中央区日本橋浜町 2-61-9
TIE 浜町ビル
電　話　03-5643-3930（販売部）
03-5643-3885（出版部）
振替口座　00180-6-46620
https://www.bbm-japan.com/

印刷・製本　共同印刷株式会社

ISBN 978-4-583-11657-0 C0075